A
ARTE DE EDUCAR

Dados Internacionais de Catalogação na Publicação (CIP)
(Câmara Brasileira do Livro, SP, Brasil)

Gikovate, Flávio
A arte de educar / Flávio Gikovate. – São Paulo : MG Editores, 2002.

ISBN 85-7255-032-1

1. Educação – Finalidades e objetivos 2. Educação moral 3. Felicidade
4. Valores (Ética) I. Título.

01-6351   CDD-370.114

Índices para catálogo sistemático:

1. Educação : Fundamentos éticos   370.114
2. Valores éticos : Educação   370.114

EDITORA AFILIADA

Compre em lugar de fotocopiar.
Cada real que você dá por um livro recompensa seus autores
e os convida a produzir mais sobre o tema;
incentiva seus editores a encomendar, traduzir e publicar
outras obras sobre o assunto;
e paga aos livreiros por estocar e levar até você livros
para a sua informação e o seu entretenimento.
Cada real que você dá pela fotocópia não-autorizada de um livro
financia um crime
e ajuda a matar a produção intelectual em todo o mundo.

Flávio Gikovate

A
Arte de Educar

MG EDITORES

Copyright© 2001 by Flávio Gikovate
Direitos adquiridos por Summus Editorial

Editoração eletrônica: **Set-up Time Artes Gráficas**
Ilustração: **Rita Aguiar**
Finalização: **Neide Siqueira**

MG Editores
Rua Itapicuru, 613 – 7º andar
05006-000 – São Paulo – SP
Fone: (11) 3872-3322
Fax: (11) 3872-7476
e-mail: mg@mgeditores.com.br

Atendimento ao consumidor:
Summus Editorial
Fone: (11) 3865-9890

Vendas por atacado:
Fone: (11) 3873-8638
Fax: (11) 3873-7085
e-mail: vendas@summus.com.br

Impresso no Brasil

Ao Oriovisto Guimarães, amigo querido, educador, empreendedor extraordinário, a quem devo a idéia e o estímulo para a realização deste livro.

SUMÁRIO

Introdução   11

1   Algumas considerações sobre a questão moral   29

2   O papel da instituição e da família   57

3   O papel do professor   73

4   Considerações finais   93

INTRODUÇÃO

O tema é de fundamental importância. Afinal, não podemos continuar a tratar com descaso o modo como educamos nossas crianças e nossos adolescentes. *Temos de ajudá-los na dificílima tarefa de se tornarem criaturas felizes e de se transformarem em pessoas preocupadas com a defesa dos seus direitos e dos das outras pessoas.* A questão da *felicidade humana* sempre esteve entre as mais palpitantes e ocupa um importante espaço nas reflexões de quase todos os pensadores. É tratada de maneira diferente em cada época e lugar. Ao longo do *século XX*, estivemos muito preocupados com a busca dos prazeres, especialmente daqueles relacionados com a nossa vida sexual. Por força do modo repressivo como esse instinto foi tratado ao longo dos séculos anteriores, era esperado que a ciência da psicologia, revigorada pelo surgimento da psicanálise, viesse a estudar o assunto com afinco. Sem que nos déssemos conta, passamos a tratar o tema da liberdade quase como sinônimo de liberdade sexual — sem sabermos exatamente o que isso significava! — e *correlacionamos felicidade ao pleno e livre exercício desse e de outros prazeres.*

A pessoa seria tanto mais feliz quanto maior fosse sua cota de todos os tipos de prazeres. Aquele que tivesse *bastante dinheiro* e pudesse estar sempre rodeado de objetos primorosos e delicados e, além disso, se alimentar das *melhores comidas* e *beber os melhores vinhos* estaria muito próximo de alcançar a felicidade. Isso seria verdadeiro se, ainda por cima, tivesse *sucesso com o sexo oposto* e pudesse trocar carícias eróticas com diversos parceiros.

Assim, temos correlacionado a felicidade à presença de um grande número de momentos de prazer, particularmente aqueles relacionados ao corpo. Os prazeres de natureza intelectual, derivados de ouvirmos uma boa música, assistirmos a um filme de qualidade ou lermos um livro intrigante, também são tidos como válidos; porém, não são tratados como se tivessem importância equivalente aos prazeres da carne, especialmente nos últimos anos, nos quais a preocupação com nossa aparência física tornou-se uma obsessão.

Não desconsidero a relação entre a ênfase no corpo perfeito e as descobertas médicas relativas à importância da atividade física, de uma alimentação adequada, de não fumarmos e aprendermos a controlar o peso corpóreo para que tenhamos uma vida mais longa e saudável. É evidente que a *boa saúde é de suma importância para que nos possamos sentir mais felizes*; se ela não for geradora de felicidade, é indiscutível que a doença a impede. Assim, a boa saúde é um pré-requisito da felicidade, e não um dos seus ingredientes. Sim, porque nosso cérebro possui a característica de se ocupar mais com o que está falhando do que com o que está indo bem. A doença nos ocupa a mente e nos faz sofrer. Tratamos a saúde com naturalidade e displicência, de modo que só pensamos nela quando somos estimulados a isso!

A *preocupação com a aparência física* tornou-se muito maior do que aquela que poderia ser atribuída à boa saúde. Vivemos um momento em que a sexualidade — e, em particular, um dos seus ingredientes principais, que é a vaidade — tem ocupado papel de destaque na mente das pessoas. *Ser feliz tem sido quase sinônimo de ter uma vida sexual plena e gratificante.* Uma fotografia do instante que estamos vivendo nos mostra que os prazeres do sexo estão sendo tratados como muito mais importantes do que aqueles relacionados com o fenômeno amoroso. Assim, muitos são os que abrem mão de uma vida afetiva estável e serena em favor das aventuras e dos jogos ligados à conquista erótica.

A *busca de prazeres, notadamente os de natureza sexual, não tem trazido os resultados esperados*, ou seja, não temos vivido de uma forma mais feliz, não estamos dormindo melhor, nem usando menos álcool ou outras drogas, nem menos agressivos. Tampouco deixamos de ser competitivos e gananciosos. *Continuamos a fazer a guerra e não o amor!* O nível de insatisfação das pessoas só tem crescido, mesmo daquelas — poucas — que são as vencedoras nesse jogo erótico.

É importante registrarmos que *para cada moça feliz com sua aparência física existem pelo menos cem frustradas* e sabermos também que *muitos são os homens que estão insatisfeitos com o tamanho do seu pênis, com sua altura e com a musculatura da região torácica.* Alguns momentos de prazer, buscados de modo desesperado, têm estado envoltos por uma enorme massa de frustrações e comparações, nas quais todos se sentem rebaixados. Sentimos-nos humilhados, invejosos e quase sempre temos algum motivo para nos sentirmos inferiores em relação a alguns dos nossos pares.

É claro que nem tudo está caminhando da forma positiva e gratificante prevista pelos que apostaram na revolução sexual iniciada nos anos 60. Como conseqüência, começam a surgir, em vários cantos, pontos de vista que tentam olhar a questão da felicidade humana por outro ângulo. *O período que privilegiou os prazeres, em especial os corpóreos, parece estar com os seus dias contados* — afirmo isso mesmo ciente de que estamos vivendo o apogeu dessa fase.

A *psicanálise ensinou-nos a buscar conhecer nossos desejos reprimidos e a aceitar tudo aquilo que está presente em nosso mundo instintivo*: somos vingativos quando traídos, sentimos desejo sexual por diferentes pessoas, e não apenas por aquelas às quais estamos comprometidos, sentimos ciúmes, inveja... Hoje, podemo-nos aceitar mesmo sabendo que somos portadores de todos esses sentimentos tradicionalmente tidos como negativos. Acontece que não somos escravos deles nem mesmo dos nossos instintos. Temos também razão. *Podemos refletir sobre o que sentimos e o fazemos de modo livre*, sem censura. Mas nossa ação não depende apenas de nossos desejos. Temos discernimento e podemos-nos conduzir da forma que consideramos mais adequada e mais justa. *Sinto raiva de alguém e vontade de agredi-lo. Sou livre para sentir, mas não para atuar*. A ação depende de uma reflexão mais complexa, e isso é tão típico da nossa espécie quanto nossos impulsos mais impetuosos. *Nossa razão é tão humana quanto nossos instintos*.

A BOA AUTO-ESTIMA

Assim sendo, estamos nos livrando da tirania dos impulsos instintivos igualmente como Freud nos livrou da ditadura de uma racionalidade repressiva no início do século XX. *Não temos de optar entre razão e sentimentos, mas sim aceitar ambos e aprender a discernir, a ponderar diante de cada situação que a vida nos oferece. O século XXI nasce sob a estrela da temperança, do equilíbrio e da luta contra os exageros de qualquer natureza*. A questão da felicidade passa a ser repensada, agora não mais como aquela condição na qual gozamos de um número máximo de momentos de prazer. Pensamos nela como a sensação que deriva de uma vida regida por determinados valores que nós mesmos arbitramos e não que nos foram impostos. *Pensamos em liberdade e felicidade como estados de alma que derivam de um modo de ser e de viver coerente com o de pensar*.

Quando uma pessoa tem a sua vida compatível com as suas crenças, ela experencia uma sensação íntima de bem-estar própria do que chamamos de uma boa auto-estima. E o indivíduo que a possui sente orgulho de si mesmo e de ter força interior para viver conforme com o que acredita. *Auto-estima não é, pois, amor por si mesmo, e sim orgulho de si mesmo.* Ela não pode existir à toa, apenas porque nos olhamos no espelho e nos achamos bonitinhos. *Ela depende de acreditarmos que a vida deve ser vivida em concordância com determinados valores e de sermos capazes de nos comportar de acordo com estes valores.*

Espero estar sendo claro em transmitir o essencial: creio que estamos iniciando um processo de transição no qual os prazeres imediatos, mormente os do corpo, vão perder força nas considerações que têm sido feitas acerca da questão da felicidade; a ênfase será transferida para um modo de vida mais constante e consistente que deriva de agirmos segundo valores e projetos que construirmos para nós mesmos. *Os valores são individuais, embora sempre tenham de respeitar a regra geral de que não é justo fazermos prevalecer nossos desejos sobre os das outras pessoas. A igualdade de direitos é a base de qualquer reflexão moral mais elementar.* Em cada situação, é preciso avaliar nossos direitos e os dos nossos interlocutores. Deveremos lutar para que prevaleça nossa vontade quando isso estiver de acordo com a justiça — quando temos mais direito do que os outros àquele objeto ou àquela situação. Nos casos em que os direitos são iguais, também cabe lutarmos, dentro das regras da lealdade, para que prevaleça nossa vontade.

Não há razão para que o conjunto de valores seja idêntico a todos, a despeito de alguns serem antigos e indiscutíveis — não matar, não roubar etc. A pessoa que valorizar a boa forma física necessitará dedicar-se a isso com afinco. Se ela estiver obesa, jamais poderá sentir a agradável sensação íntima relacionada com a boa auto-estima. Sim, porque ela própria estará comportando-se em desacordo com suas convicções, o que determina um sentimento de autodepreciação inevitável. Não há "mutreta" nesse jogo da auto-estima! Caso um jovem que decidiu se empenhar nos estudos logo volte a se comportar da forma relapsa da qual tentava fugir, sua auto-estima tenderá a zero. Se o gordo conseguir emagrecer e o aluno displicente se transformar naquilo que ele pretendia, estaremos diante de uma situação inversa: uma enorme elevação da auto-estima, da agradável sensação íntima de orgulho por si mesmo.

Ao pensarmos na boa auto-estima como elemento primordial para a felicidade humana, estamos fazendo uma modificação revolucionária no modo de pensar a questão dos prazeres. Quando o gordo se priva de alimentos para atingir o objetivo pretendido — qual seja, o da perda de peso —, ele estará impondo a si próprio um sacrifício, e não um prazer. Mas, ao perceber que está atingindo sua meta, aquele sacrifício transforma-se em fonte de satisfação, em um novo tipo de prazer: *a renúncia a um prazer, voluntária e a serviço de um objetivo desejado, gera o prazer da renúncia.*

O mesmo vale para o rapaz que decide se empenhar nos estudos, para quem se propuser a parar de fumar ou a abandonar qualquer outro vício, para quem decidir acordar cedo e vencer a preguiça matinal, e assim por diante. *Fica fácil compreendermos que as pessoas possam viver de forma sacrificada e se sentirem profundamente felizes.* O inverso também é verdadeiro: criaturas só ocupadas em se divertir podem estar infelizes e entediadas. Os que fazem parte do grupo dos Médicos sem Fronteira, ou da Cruz Vermelha, por exemplo, que levam uma vida de grandes renúncias, podem se sentir muito orgulhosos por estarem dando uma finalidade e uma utilidade social máxima a suas vidas. Há aqueles que poderão sentir-se mais felizes em alguma outra situação menos radical, sendo verdade que a auto-estima sempre se beneficia quando agimos coerentemente com os nossos valores e nossas convicções. *Os que só vivem para o prazer também poderão sentir-se felizes e com a auto-estima elevada, desde que isso esteja em concordância com as suas reais convicções.*

As observações que estou desenvolvendo, sobre o fato de só nos sentirmos bem quando vivemos segundo os nossos próprios valores, nos remetem diretamente para a questão da **disciplina**, que corresponde a *uma força interior derivada da nossa razão*. É o que nos faz capazes de vencer qualquer impulso instintivo ou mesmo algum sentimento cuja expressão queiramos evitar, sem ocultarmos nada de nós mesmos, já que isso seria a nefasta repressão contra a qual a psicanálise se insurgiu. A disciplina não corresponde a nenhum processo misterioso ou sutil. Ela deriva do fortalecimento da razão, que lhe permite prevalecer sobre nossas vontades. A razão forte, que gera um comportamento disciplinado e firme, resulta de todo um processo evolutivo que será descrito com mais detalhes no Capítulo 1. De todo o modo, cabe registrar desde já que *sua presença é imprescindível para a* questão da *boa auto-estima*. Quem quiser ser portador do orgulho íntimo derivado de estar vivendo segundo suas convicções terá de ter razão suficientemente forte para poder prevalecer sobre os impulsos e desejos que fazem parte de nossa vida interior. Os nossos desejos são todos legítimos. Não cabe, contudo, exercê-los sempre indiscriminadamente. Não há nada de mais em um diabético sentir enorme vontade de comer um doce; ele deverá ser muito disciplinado para conseguir fugir à tentação. O mesmo acontece com a preguiça presente em todos nós. É preciso vencê-la todos os dias se quisermos exercer plenamente nossas potencialidades.

O pleno desenvolvimento do nosso potencial depende de uma luta diária contra o sono e a vontade de ir em busca de todos os tipos de prazeres imediatos. A capacidade de renunciarmos a algo no presente em favor de benefícios maiores no futuro é considerada o marco substancial da evolução no sentido da maturidade emocional. Este termo também não tem nada de vago: corresponde ao poder de controlarmos nossos desejos e impulsos em favor do atingimento dos objetivos aos quais nos propomos — inclusive ao controle das respostas instintivas, sobretudo as de natureza agressiva — e ao desenvolvimento da capacidade de tolerarmos sofrimentos, dores e frustrações de todo tipo. E essa capacidade sempre está associada à renúncia às vontades próprias das pessoas disciplinadas e portadoras de boa auto-estima. Só as mais amadurecidas emocionalmente sentirão alegria e orgulho íntimo próprios da boa auto-estima.

Percebe-se, pois, que o desenvolvimento emocional e a felicidade possíveis para nós, seres humanos, não estão em antagonismo com o exercício dos prazeres físicos e intelectuais, mas também não dependem de estarmos sempre nos empenhando nessa direção. Se construirmos objetivos definidos para nossas vidas e tivermos força interior para nos dirigirmos na rota da realização dessas metas, tenderemos a viver de forma muito agradável e contentes conosco mesmos. Não há necessidade de construirmos metas rígidas ou por demais radicais. Todavia, aquelas que nos propusermos a realizar terão de ser consumadas sob pena de perdermos pontos preciosos na nossa auto-avaliação. Uma razão forte, que nos faz agir com determinação e firmeza sempre em concordância com nossos próprios valores, é, pois, um dos requisitos para sermos felizes. A essa capacidade chamamos de disciplina e, sem dúvida, sua aquisição corresponde a um dos passos mais importantes do amadurecimento emocional.

O QUE É EDUCAR?

Depois dessas considerações iniciais, creio que podemos tentar responder a uma das questões primordiais deste texto: em que consiste o trabalho de educar? Penso que uma resposta possível seria: corresponde à tarefa de transmitir a cada nova geração os usos e costumes de cada comunidade, além de tentar transferir o conjunto de valores que prezamos. Cabe compreendermos que cada um de nós nasce com o cérebro formado, mas completamente vazio de informações — é como se nascêssemos com o *hardware* pronto e desprovido de *software*. Aos pais e educadores cabe a difícil tarefa de contribuir para a adequada constituição do modo de pensar de cada criança, condição necessária para que ela possa vir a ser uma criatura mais feliz e um membro construtivo de sua comunidade.

O trabalho é árido, importantíssimo e subestimado tanto pelas famílias como por grande parte das escolas e dos professores. As crianças não nascem boas ou más, porém vazias de informações e com certas predisposições biológicas que podem facilitar ou dificultar o processo educacional. É preciso expandirmos nosso conhecimento sobre essas variáveis com a finalidade de contribuir para que o maior número possível delas venha a se tornar adultos maduros e produtivos.

Algumas têm grande facilidade para incorporar os valores que desejamos transmitir, outras são mais refratárias e sobre elas temos também de tentar interferir. Há algumas décadas, os princípios pedagógicos eram bem mais rígidos, de sorte que até mesmo os mais rebeldes acabavam sendo minimamente educados; os mais dóceis foram um tanto prejudicados, tornando-se exageradamente reprimidos e inibidos mesmo em seu potencial criativo. Em decorrência desses excessos, passamos, atualmente, pela fase inversa, na qual pressionamos de maneira mais suave e delicada os membros das novas gerações. Penso que temos cometido o erro contrário: tornamo-nos por demais permissivos e não cumprimos nossa missão de pais e educadores. A repressão terá de ser mínima, é verdade, mas o necessário para que transmitamos os valores essenciais de nossa cultura.

Aí esbarramos em outra questão importante: quais são os valores a serem transmitidos? Certamente, vivíamos num patamar de estabilidade no que tange aos nossos valores. A partir de 1968, com o início da revolução de costumes, dificilmente nos ativemos a valores, e não acreditamos neles de modo firme a ponto de não termos tido dúvidas de que deveríamos transmiti-los aos nossos descendentes. É fato que ainda não atingimos um novo patamar de estabilidade no qual os novos valores básicos estarão mais definidos e serão aceitos pela maioria dos membros adultos da comunidade. Possivelmente, esse novo patamar seja menos rígido em relação a vários itens, o que poderá, ao menos numa primeira fase, dificultar as decisões acerca de quais serão os valores a serem transmitidos com convicção e vigor pelos pais e professores. É difícil supor, por exemplo, que o casamento e a vida familiar como a conhecemos serão um valor aceito por todos. O mesmo vale para a questão da orientação sexual, para assuntos como a fidelidade e monogamia, a importância da ambição profissional etc.

Todavia, acredito firmemente que alguns valores que foram tratados de modo confuso nos últimos 30 anos serão objeto de uma reflexão mais acurada. É o caso, por exemplo, da crítica que hoje podemos fazer ao egoísmo — incorretamente confundido como direito dos narcisistas; evidentemente, quem estiver bem consigo mesmo não precisará apropriar-se do que não lhe pertence. A generosidade também está sob suspeita, pois muitas vezes ela encobre vaidade e desejo de poder sobre os outros. Pessoas justas serão as valorizadas, aquelas preocupadas com os direitos do outro, mas também com os seus próprios.

Ninguém mais terá dúvidas acerca da importância de ajudarmos nossas crianças a aprender a lidar melhor com as inevitáveis frustrações e dores — tanto físicas como psíquicas. A intolerância a frustrações é fraqueza e incapacita os indivíduos para o pleno exercício de suas potencialidades, já que isso exige coragem para enfrentar o risco de fracasso. Os intolerantes a dores e frustrações tendem a ser perfeccionistas, a desistir daquilo que lhes traz dificuldades, e não se arriscam muito porque não podem, sequer, imaginar o sofrimento que um revés imporia à sua subjetividade, nem suportar a humilhação do fracasso e muito menos a vergonha de isso acontecer diante dos olhos de outras pessoas.

Não devemos confundir a atitude mais agressiva dessas pessoas assim intolerantes com a idéia de que são portadoras de um "gênio forte", que seria o responsável pelo "estopim curto". Elas são barulhentas e não fortes: forte é o que tolera bem a dor, e não aquele que berra à toa. As crianças tendem a desenvolver tolerância a frustrações entre os seis e os sete anos. Ao percebermos que algumas demonstram mais dificuldade em lidar com contrariedades, é exatamente sobre elas que deverá recair nossa atenção, forçando mais e mais para que aprendam a ultrapassar sua limitação. Qualquer condescendência por parte de pais e educadores trará conseqüências dramáticas. Temos de ajudar nossos jovens nesse importante passo rumo à maturidade emocional.

O fato de saber lidar com dores de todo o tipo e mesmo de controlar as respostas agressivas também tem sido chamado de inteligência emocional. Uma reflexão mais atenta nos ensina que o termo é usado para definir as primeiras vitórias da razão sobre os sentimentos de frustração e o ímpeto agressivo gerador da raiva que nos assola quando somos contrariados. Trata-se, pois, de comportamentos próprios daqueles que estão desenvolvendo a disciplina, ou o predomínio da razão sobre as emoções em geral.

O EDUCADOR FIRME

Dessa forma, tudo se encaixa. Para que possamos ser educadores firmes, é necessário estarmos de posse de um conjunto de valores claros, acreditarmos firmemente neles e transmiti-los aos que nos sucederão nas tarefas substanciais da vida em sociedade. À medida que já podemos vislumbrar um pouco melhor para onde estamos caminhando e qual será o novo conjunto de valores a ser transferido, tudo se torna mais fácil e menos aflitivo. Certamente, dentre os valores essenciais para aqueles que viverão no século XXI está o de serem portadores de disciplina, ou seja, de uma subjetividade na qual a razão, o bom senso e os valores em geral se sobreporão aos desejos imediatos. Se se confirmarem minhas previsões otimistas, dentro de poucos anos estaremos vivendo um período de estabilidade no qual nos poderemos conciliar com todos os avanços tecnológicos a que temos estado expostos. Poderemos também extrair os frutos da revolução de costumes que temos vivido nos últimos 40 anos. Seremos criaturas mais individualistas como conseqüência de uma vida íntima mais estável e competente para a solidão — que tem sido facilitada pelo enorme número de equipamentos aos quais temos acesso, tais como televisores, computadores, aparelhos de som individuais etc. Individualismo não é, em hipótese alguma, sinônimo de egoísmo. Ao longo do texto terei várias oportunidades de mostrar que os egoístas são a favor de uma visão mais gregária, condição na qual poderão mais facilmente encontrar a quem parasitar. O individualismo está em associação direta com o avanço dos valores morais justamente porque não facilita a existência nem de pessoas egoístas nem daquelas muito generosas.

O machismo está com seus dias contados, de modo que nos encaminhamos para um estilo de vida unissex, no qual finalmente homens e mulheres se comportarão de modo mais parecido, terão menos inveja recíproca e viverão relacionamentos afetivos e sexuais mais gratificantes. As relações amorosas serão mais respeitosas, já que finalmente seremos capazes de nos enxergar não mais como uma metade a ser completada por outra metade, e sim como uma unidade que irá aproximar-se de outra unidade.

As crianças e os moços terão de ser preparados para viver de acordo com a realidade que vão encontrar. Terão de ser portadores de fortes interesses pessoais, já que o número de horas de trabalho tenderá a diminuir trazendo como conseqüência um importante aumento do tempo livre. É importante ressaltar que estas ótimas notícias só poderão ser usufruídas de modo efetivo por aqueles que forem mais auto-suficientes, mais bem formados intelectual e emocionalmente. Em outras palavras, o que estamos por viver corresponde a um período bastante mais exigente do ponto de vista do desenvolvimento pessoal do que as épocas passadas. A tarefa de preparar os jovens para essa nova era é essencial e terá de ser levada muito a sério tanto pelas famílias quanto pelas instituições de ensino.

Conheço bem o discurso oficial desses anos de revolução de costumes: temos de dar amor às nossas crianças, para que não cresçam tristes e traumatizadas. É fato que as gerações anteriores tinham sido um tanto ásperas e distantes em relação a seus filhos.

Nesse aspecto, evoluímos, e isso também é verdade. Entretanto, é chegada a hora de fazermos a autocrítica, visto que muitos dos nossos filhos amados e paparicados tornaram-se egoístas e não aprenderam a lidar com as dores da vida. Educar é muito mais do que mimar, dar amor, atenção e tratá-los com delicadeza. É, acima de tudo, formar moral e praticamente cada nova geração. As crianças precisam aprender que as relações humanas são baseadas na troca, de modo que lhes cabem também retribuições. Não podemos continuar a tratá-las como se fossem um brinquedo dos pais. Um dia serão adultas e responsáveis, e é para isso que têm de ser preparadas desde o início.

1
Algumas Considerações sobre a Questão Moral

A maioria das pessoas jamais se empenhou em entender como são construídos os valores que nos guiam. Quase todas apenas repetem os padrões de comportamento que aprenderam. Isso até há poucos anos. Como temos vivido uma época de rápidas transformações, tais pessoas, que costumavam dizer que seus pais é que lhes haviam ensinado a se conduzir da maneira mais adequada, passaram a se sentir perdidas e sem saber como se comportar com seus filhos. Perceberam que os velhos valores — que, na realidade, nunca foram efetivamente seguidos por todos — estavam sendo abandonados e não sabiam por quais substituí-los.

Passamos pela fase, já descrita, em que o mais importante era a livre expressão das emoções e dos sentimentos antes reprimidos. Estamos evoluindo e agora deveremos construir um sistema de valores compatível com as condições objetivas nas quais nós e nossos filhos viveremos. Para isso, tentaremos entender um pouco melhor como os nossos valores são constituídos e como se transferem de uma geração para outra.

As regras estabelecidas pelas quais se define a forma como uma sociedade se comporta podem ter sido construídas tanto por força de aspectos práticos, relacionados com o bom andamento da vida comunitária, quanto em decorrência do que supomos ser as condutas que estão de acordo com a vontade dos deuses. Em outras palavras, ou as normas têm por objetivo regulamentar as relações interpessoais segundo um padrão de justiça mais ou menos objetivo — não fazermos aos outros aquilo que não queremos que nos façam —, ou existem para que sejamos aceitos pela divindade que nos criou. Neste segundo caso, há regras que regulamentam até mesmo a conduta individual. Exemplo disso é a proibição da masturbação ou de relações sexuais não-reprodutivas determinada por certos grupos religiosos.

Neste texto tratarei apenas das regras relacionadas à vida prática, deixando a questão religiosa para a consciência de cada um. Muitas normas e limitações deverão ser impostas às crianças quase que desde o início da vida. Elas terão de aprender a avançar na direção da auto-suficiência: fazer sozinhas a higiene pessoal, comer, trocar-se, agir, falar com estranhos da forma tida como adequada naquela comunidade, e assim por diante.

É interessante notar que todos os movimentos na direção da independência encontram resistência por parte de cada novo membro da nossa espécie. Desde o nascimento somos movidos por dois impulsos: um de permanecermos "grudados" em nossas mães e outro rumo à ação, ao movimento, ao aprendizado e à independência. Qualquer transtorno vivenciado no caminho da independência nos remete imediatamente ao desejo de voltarmos ao colo de nossas mães! A independência das crianças deverá, pois, ser estimulada para que essa tendência prevaleça sobre a relacionada com o fenômeno amoroso, que determina o desejo de ficarem aconchegadas naquelas criaturas de onde vieram. Temos uma tendência para a vida e outra para voltarmos à paz e à serenidade do útero, o que poderíamos chamar de antivida.

As primeiras tarefas individuais já estão sujeitas à regulamentação. Cada criança aprenderá, por exemplo, a se alimentar da forma tida como correta, tendo como objetivo deixar bem as pessoas que estiverem próximas a ela nessa hora. Ela terá de aprender a ter modos, a mastigar com a boca fechada etc., para não provocar sensações desagradáveis nos outros. Já estamos diante de uma condição na qual os valores estão em jogo, pontualmente aqueles que envolvem o respeito por terceiros. Assim, etiqueta pode ser entendida no sentido literal, ou seja, como uma pequena ética! Jamais pode ser desconsiderada, já que corresponde aos primeiros esforços no sentido de transferirmos os usos e costumes da nossa comunidade a cada novo membro.

Na primeira fase do processo de formação de valores em cada nova criatura, costumamos nos valer de mecanismos similares aos dos reflexos condicionados que usamos para amestrar os animais domésticos. Isso significa que punimos as condutas tidas como inadequadas e recompensamos as que estão de acordo com a nossa expectativa. A punição repetida diante de certa ação costuma levar ao abandono daquele comportamento; ela pode ser física ou implicar sinais de desaprovação de caráter verbal, expressão facial e mesmo o afastamento da mãe ou substituto dela. Para atenuar o medo, sensação inata em quase todos nós que se manifesta diante de situações que registramos como ameaçadoras, a criança trata de agir de acordo com aquele a quem não convém contrariar.

Quanto menor ela for, mais tenderá a responder apenas em razão do medo. Seu cérebro já está funcionando desde o nascimento, mas não dispõe de informações suficientes para desenvolver qualquer tipo de entendimento das situações às quais está exposta. Com o passar dos anos, poderá vir a se tornar cada vez mais sensível aos argumentos e tender a alterar comportamentos em conseqüência de reflexões estimuladas por um interlocutor externo — e, mais tarde, por força de dilemas que se constroem dentro de sua própria mente.

Há cerca de dez anos, li um artigo que detalhava uma pesquisa feita por psicólogos norte-americanos que permitia a construção de uma classificação das pessoas segundo o que as freava e impedia certas ações tidas como inadequadas. Ela nos classificava em seis grupos. Infelizmente, nunca mais consegui me lembrar onde li sobre esse trabalho, razão pela qual não citarei a fonte em que me baseei para a classificação a seguir:

 PRIMEIRO GRUPO

Caracteriza-se pela ausência de medo. Em decorrência do que já expus, torna-se fácil compreender as dificuldades quase intransponíveis que teremos ao tentarmos educar uma criança que, de nascença, padeça dessa limitação. O medo é uma manifestação instintiva de intensidade variável em cada um de nós e praticamente inexistente em uma pequenina parcela da população — cerca de 0,5%. Ele é parte de um conjunto de impulsos próprios da autopreservação, visto que nos faz fugir das situações de perigo. Crianças destemidas sofrem mais acidentes e morrem com mais freqüência em virtude de condutas demasiadamente ousadas.

Ao se tornarem adultos, esses indivíduos constituem uma boa parte da população carcerária, já que, como regra, não conseguem deixar de cometer delitos por força de reações descontroladas ou em virtude de comportamentos intencionalmente anti-sociais. Poderão roubar, matar e agir com grande violência em resposta a frustrações banais. Só trilharão outro destino se conseguirem entender as características da vida social e, graças a uma inteligência privilegiada, substituírem o medo que lhes falta pela razão e pelo bom senso. Em outras palavras, mesmo que não tema nada, o indivíduo poderá limitar suas ações em decorrência das reflexões que sua mente poderá desenvolver. Nesse caso, possivelmente se transformará num cidadão que vive dentro dos valores éticos estabelecidos por força de uma atividade racional sofisticada, ou então se tornará um delinqüente sofisticado, inescrupuloso, que no entanto sabe agir e se safar das punições a que os delinqüentes comuns costumam estar sujeitos.

De todo modo, a maior parte deles representa um importante problema social e é fato que estão presentes em todas as comunidades, mesmo naquelas mais evoluídas e socialmente mais justas. São de tratamento problemático e, felizmente, em número pequeno, em especial nos estabelecimentos de ensino médio e superior. Quase sempre foram expulsos de várias escolas, não raro deixaram de estudar e em geral estão envolvidos com o tráfico de drogas ou outras atividades ilícitas.

 SEGUNDO GRUPO

São aqueles que se comportam dentro de certos limites apenas por medo das represálias externas. Assim como os do primeiro grupo, desconhecem o que seja sentimento de culpa. A diferença reside apenas no fato de que têm medo; assim sendo, limitam-se a cometer delitos pelos quais não correm o risco de serem punidos. Dessa forma, são criaturas que não vêem impedimento no ato de roubar, contudo não querem se submeter às represálias advindas de serem pegas transgredindo; ou seja, se não estiverem sendo observadas, roubam. Mentem com facilidade e poderão negar tudo o que praticaram de errado e o fazem até que isso se torne totalmente impraticável. Nessa condição, são portadoras de uma fantástica "cara-de-pau", de sorte que não se constrangem ao serem pilhadas cometendo o delito. O seu único objetivo consiste em minimizar a dimensão da retaliação a que estarão sujeitas e usarão todos os recursos para que assim o seja.

Não é raro que, nos bandos de jovens delinqüentes, o líder pertença ao primeiro grupo e os seus seguidores, ao segundo. O fato é que eles temem o "chefe" e por isso mesmo lhe obedecem e o respeitam como um ser superior. O "chefe" sabe que não possuir medo lhe confere uma grande "vantagem" nesse tipo de contexto e utiliza-se disso para se afirmar como líder.

O número de pessoas que se comportam dentro de alguns limites apenas por medo de represálias externas já é bem maior. É difícil quantificar com precisão, mas acredito que representam cerca de 10% da população. Quando bem-dotadas de inteligência, esforçadas e carismáticas, podem se transformar em pessoas socialmente perigosas porque não dispõem de nenhum tipo de freio mais sutil de natureza subjetiva, que se caracteriza pelo sentimento de culpa. Um dos grandes equívocos do pensamento psicanalítico foi, a meu ver, considerar que a culpa está presente em todos nós e temos algum tipo de censura íntima. Antes fosse verdade!

 TERCEIRO GRUPO

É o daqueles que, além de temer as represálias externas e diretas, sentem receio também pelas represálias divinas. Nesse caso, a limitação é bem maior, já que Deus está em toda a parte e tudo vê. Se aqueles do segundo grupo não têm nenhum problema em roubar quando não estão sendo observados, estes já não o fazem. Não se trata de um verdadeiro sentimento moral introjetado, e sim do surgimento, dentro do sistema psíquico, de um tipo de temor relacionado a um castigo subjetivo, invisível. Mas, ainda assim, a conduta está limitada pelo medo da punição, e não por causa de alguma reflexão moral mais sofisticada e sutil.

Esses indivíduos acreditam em algo que não vêem, o que já implica a existência de um imaginário mais rico e mais forte, embrião de uma forma de pensar em que hipóteses, idéias e conjecturas integram-se aos fatos e influem sobre as decisões da razão acerca de como devem se comportar. Correspondem a um número significativo de pessoas, talvez 15% da população. Comportam-se dentro dos limites propostos pelo meio social, todavia sem nenhum tipo de sofisticação. Caso venham a ingressar em alguma seita religiosa, na qual o sacrifício de animais e mesmo de humanos seja desejável, não se oporão a isso. Tenderão a ser fanáticos seguidores de algum tipo de liderança; o farão, porém, não por forte convicção e reflexão, mas por medo de retaliações objetivas e sobrenaturais. Comportam-se de maneira mais restrita do que os do segundo grupo, mas pouco se distinguem deles do ponto de vista da elaboração de um verdadeiro sistema de valores.

QUARTO GRUPO

Corresponde aos que, além do medo de represálias, agem em concordância com os valores sociais também em virtude da vergonha. Deve fazer parte desse grupo cerca de 25% da população. A vergonha corresponde a uma forma sutil de represália, já que ela não implica cadeia nem a hipótese de as pessoas virem a arder nas fogueiras do inferno. Trata-se, sim, do pavor que sentem de serem malvistas e julgadas negativamente por seus pares.

A vergonha não deve ser confundida com sentimentos de culpa, tampouco com o verdadeiro sentido moral introjetado, porque ela nos leva a pensar, por exemplo, assim: "O que 'os outros' vão pensar se souberem que tive relações íntimas com o namorado da minha amiga?". Isso é completamente diferente daquela criatura que se sentiria péssima por trair a amiga mesmo se ninguém viesse a saber. É importante repetir que todos temos vergonha e medo de represália. Muitos dos indivíduos moralmente mais sofisticados, que fazem parte dos dois últimos grupos que citarei em seguida, também poderão senti-la e temer muito todos os tipos de retaliações.

A vergonha, em particular, é intensa nos pré-adolescentes e adolescentes, notadamente quando são alvo de ironias por parte de seus pares. Pais e professores deveriam ter mais cautela ao expor os jovens a qualquer tipo de situação na qual possam ser ridicularizados, uma vez que elas podem gerar vivências traumáticas difíceis de ser desfeitas ao longo da vida adulta. Adolescentes que foram ridicularizados devido a alguma peculiaridade relacionada com sua aparência física, seu modo de se expressar, de se vestir etc. poderão desenvolver importantes dificuldades de relacionamento nos anos que se seguirão.

A vergonha tem relação direta com a vaidade, esse curioso ingrediente de nosso instinto sexual que determina grande prazer erótico difuso ao nos exibirmos, nos destacarmos, atrairmos olhares de admiração e desejo. A humilhação corresponde ao inverso: intensa dor relacionada ao nos percebermos objeto de desprezo, desconsideração ou deboche. Surge assim o medo da humilhação, uma manifestação mais sofisticada do mesmo medo de represálias, só que agora de natureza diferente. A vergonha corresponde ao medo da represália subjetiva relacionada a alguma ofensa ao nosso orgulho — outro nome para vaidade — que desencadeia a tão temida sensação de humilhação e de desconsideração por parte das outras pessoas. Trata-se de mais um freio externo, uma vez que depende da existência de observadores. A pessoa sente vergonha perante outras. Talvez seja um dos ingredientes que nos fazem tão sensíveis à opinião alheia e tão preocupados com o modo como somos avaliados, sobretudo por quem nos interessa e a quem prezamos. Desejamos ser amados, muito admirados e valorizados.

Rejeição e humilhação correspondem a algumas das nossas maiores dores.

QUINTO GRUPO

Corresponde àqueles que decoraram o conteúdo do "contrato social", ou seja, que incorporaram de forma rígida e radical as regras e os valores da comunidade na qual vivem. Neles, as normas foram efetivamente introjetadas, o que vale dizer que elas são respeitadas mesmo quando não existem observadores e nenhum risco de represálias. Significa também que uma eventual transgressão determina o surgimento imediato da dolorosa sensação de culpa, que corresponde a uma tristeza íntima relacionada à idéia de que fomos os causadores de algum sofrimento imposto indevidamente a outra criatura. Essas pessoas costumam se sentir culpadas em muitas situações da vida cotidiana, inclusive naquelas em que não existem vítimas — e nas quais, de fato, a culpa seria indevida. Por serem muito rígidas, acabam se apegando aos conceitos de certo e errado mais do que aos fatos. São rigorosíssimas consigo mesmas e com aqueles com os quais convivem mais intimamente.

Não raro, tornam-se companhias difíceis e cansativas, visto que impõem valores rígidos a todos os membros do ambiente em que circulam. Correspondem a aproximadamente 20% da população e entre elas estão muitos dos que defendem severamente pontos de vista religiosos e políticos. No que tange aos costumes, em geral são portadoras de um moralismo conservador. Não gostam de mudanças e são contra tudo aquilo que não está em concordância com o que consideram certo. Muitas vezes, torna-se difícil contra-argumentar com essas pessoas, posto que seus pontos de vista são literalmente iguais às suas condutas e ambos estão em sintonia com o pensamento oficial. Por exemplo, vivemos no seio de uma cultura católica. Se uma esposa se recusar a usar qualquer tipo de recurso anticoncepcional, estará em total concordância com o enfoque oficial da Igreja. Seu marido poderá lamentar o fato, mas não deixará de dizer que ela é honesta e regida pelas melhores intenções. Sentirá grande frustração por não estar vivendo os prazeres eróticos da forma intensa que gostaria, mas não terá meios de recriminar sua companheira. Não é impossível que situações desse tipo determinem reações hostis de forma sutil e mesmo inconscientes — em ambos os cônjuges.

Esse comportamento pode, a princípio, ser considerado muito evoluído do ponto de vista moral, já que a pessoa é corretíssima com os outros e exigente consigo mesma. No entanto, está na raiz do pensamento totalitário, tende a ser um tanto retrógrado e estéril. Sim, porque não é possível termos idéias e condutas novas e criativas sem que corramos o risco de cometer algum tipo de transgressão das normas oficiais. O próprio adolescente costuma ser mais criativo, e muitas são as inovações — no que diz respeito aos costumes, modos de ser e de viver — que advieram da ousadia e irreverência deles.

Cabe aqui uma citação do importante psicanalista inglês Winnicott*, em tradução livre feita por mim:

A imaturidade é uma parte preciosa da cena adolescente. Nela estão contidas as mais excitantes características do pensamento criativo, sentimentos novos e frescos, idéias para uma nova forma de viver. A sociedade necessita ser chacoalhada pelas aspirações daqueles que não são responsáveis. Quando os adultos abdicam do seu papel, os adolescentes tornam-se adultos prematuramente e por meios falsos. Poderia dar o seguinte conselho à sociedade: para o bem dos adolescentes e da imaturidade deles, não permitam que se antecipem e alcancem essa falsa maturidade que se consegue atribuindo-lhes responsabilidades que ainda não são deles, mesmo quando lutam por isso.

À primeira vista, trata-se da defesa intransigente da condição de irresponsabilidade dos adolescentes. Penso que se refere mais à defesa do posicionamento firme, responsável e ao mesmo tempo tolerante dos pais e educadores. Estes devem ser os responsáveis pelo respeito às regras da sociedade, entretanto permitindo uma cota de irreverência e irresponsabilidade para os adolescentes, condição na qual eles poderão contribuir muito para o nascimento de novos valores e de novas formas de viver. Adolescentes obrigados a se tornar adultos muito depressa tendem a se fazer

---

* Winnicott, D. W. *Home is where we start from*. Nova York, W. W. Norton & Co. 1986.

membros do quinto grupo que descrevo aqui. Isso acontece porque são expostos a responsabilidades grandes antes da hora, porque os adultos não assumiram firmemente o papel de liderança e autoridade que lhes cabe.

Pessoas desse grupo tendem a ser muito disciplinadas, embora com freqüência possam se comportar sem muito "jogo de cintura". Ou seja, se se programaram para nadar todos os dias a determinada hora, poderão sentir grande irritação e nervosismo se não puderem fazê-lo, tanto porque sua disponibilidade de tempo não permitiu quanto porque a saúde estava prejudicada por algum desconforto ou, ainda, em virtude do aparecimento de um programa mais atraente — ao qual não se furtam, mas sentem culpa por estarem transgredindo o combinado. Acabam vivendo uma série de contradições e falsos dilemas, os quais tornam a sua vida íntima bem mais tensa e menos interessante e rica do que poderia ser, prejudicando sobremaneira o pleno exercício de suas potencialidades.

SEXTO GRUPO

Diz respeito àqueles que entenderam como foi construído o contrato social. Correspondem a cerca de 30% das pessoas; são aquelas que conseguiram pleno desenvolvimento na constituição de um efetivo sentido moral. São portadoras, assim como as do quinto grupo, de um conjunto de valores internalizados, sendo parte da metade da população que possui uma instância moral introjetada — o superego.

Estes são os indivíduos que sabem interpretar as leis e adequá-las a cada situação específica. O bom juiz é parte desse grupo: estudou o contrato social, entendeu o espírito que o norteia e o aplica segundo o seu discernimento, levando em conta todas as variáveis envolvidas naquilo que lhe cabe julgar. O resultado é que crimes parecidos poderão estar sujeitos a penas bem diferentes, já que tudo dependerá dos agravantes e atenuantes presentes em cada situação concreta. Essa flexibilidade inexiste naqueles que permaneceram no quinto grupo, para quem as nuanças escapam ou não são tratadas como muito relevantes.

Pessoas do sexto grupo, por vezes, calam-se diante de determinada situação agressiva e, em outras, reagem. Tudo dependerá das peculiaridades de cada caso. As das categorias morais anteriores terão comportamentos padronizados: serão agressivas mesmo quando isso for inconveniente e indevido ou, então, calar-se-ão sempre. Um bom sinal de plena evolução moral e emocional é ela responder de modo variado a situações similares, o que indica grande domínio sobre si mesma e reflexão acerca dos valores a serem respeitados em cada caso.

Tais pessoas não são generosas nem egoístas. Talvez em determinadas situações ajam com aparente generosidade, mas o que, de fato, ocorre é que estão abrindo mão de algo em favor de outra pessoa que, segundo elas, tem mais direito àquilo. Pode ser que estas mesmas pessoas sejam vistas defendendo com veemência e vigor seu interesse pessoal quando este lhes parece ser o caso. São criaturas justas que agem com firmeza em defesa do que é seu direito, respeitando também o que é devido aos outros. Sua vaidade não está vinculada à capacidade de renúncia e à abnegação. Orgulham-se de ser criaturas justas e determinadas.

Do ponto de vista da formação, torna-se evidente que o que se pretende é conseguir um número crescente de pessoas que atingem esse grau máximo de evolução moral. A tarefa é complicada, uma vez que o exemplo é parte essencial da educação e as pessoas do sexto grupo correspondem a apenas uma terça parte da população. Assim sendo, um grande número de pais e professores ainda não chegou a esse estágio. Apesar das dificuldades que daí derivam, a sinceridade dos agentes educacionais em reconhecer suas próprias limitações é algo que pode atenuar o problema. Nada impede que um pai diga a seu filho: "Eu não consegui evoluir o quanto gostaria; farei o possível para que você tenha mais êxito do que eu". As pessoas o fazem com facilidade nas questões materiais e naquelas relacionadas à educação formal; por que não poderão fazê-lo também no que diz respeito à evolução moral?

Outro importante facilitador para o atingimento da evolução moral plena, própria desse sexto grupo, ocorrerá à medida que houver um consenso de que essa é a meta a ser buscada, a ela correspondendo enormes benefícios. Voltarei a este último aspecto do problema algumas vezes ao longo dos capítulos posteriores; gostaria apenas de afirmar aqui meu ponto de vista de que não cabe mais qualquer dúvida acerca dos benefícios da evolução moral, tanto da perspectiva dos espaços profissionais que os moços pretendam conquistar como, principalmente, daquele relacionado ao bem-estar íntimo e à felicidade. Integridade e jogo de cintura serão pré-requisitos daqueles que pretendem uma posição profissional de destaque. Isso, é claro, além das aptidões e do conhecimento necessário para o bom exercício das tarefas correspondentes.

É necessário transmitirmos aos nossos filhos e alunos os valores morais mais sofisticados — e a importante associação deles com a máxima evolução emocional —, ainda que não sejamos portadores de todos. Podemos saber sobre eles mesmo sem termos conseguido incorporá-los. Aliás, como estamos todos em processo de evolução, atingir um estágio mais sofisticado e gerador de maior felicidade deve ser meta também para nós, adultos. É preciso sabermos que ser pessoa justa é importante virtude, a excessiva generosidade pode implicar ânsia de poder e tentativa de enfraquecimento daquele que é o objeto de nossa doação — mesmo quando se trata de nosso próprio filho! — e o egoísmo é apropriação indevida, é roubo, e só é exercido por pessoas fracas e incapazes de gerar, por si mesmas, o que necessitam. Não é à toa que os egoístas são os mais invejosos.

 Temos de saber também que a ambição é fruto de nossa vaidade, desejo de destaque, de atrair olhares de admiração, de desejo, que não nos podemos furtar a sentir vaidade, inveja, ciúmes e outros sentimentos que nos constituem. Devemos nos posicionar diante deles: não posso deixar de sentir ciúmes, o que não significa que esteja de acordo com o que sinto a ponto de me achar no direito de matar por força do sentimento. Devo aprender a me conhecer melhor e compreender que aqueles a quem invejo possuem propriedades que eu gostaria de ter; e uma boa solução para o problema consiste em eu ir atrás daquilo que valorizo neles e me falta.

Nesse sentido, sentir inveja é ilustrativo, porque nos ensina a saber o que ainda gostaríamos de ter ou ser. A ambição também está relacionada à nossa vontade de continuar a evoluir, a aprender e a viver. Parar e viver de modo contemplativo assemelha-se mais ao que supomos nos acontecerá quando morrermos. Assim, viver é fazer. No entanto, como a ambição está acoplada à vaidade, é preciso que nos posicionemos de forma crítica para que não nos tornemos escravos desse processo de sempre querer mais.

É indispensável refletirmos sobre o real peso do dinheiro, da beleza física, do poder sensual, sabermos o quanto valorizamos o amor e nos conscientizarmos da importância da auto-suficiência tanto nas questões práticas como emocionais. Por exemplo, é crescente o número de pessoas que constatam que aqueles que ficam bem consigo mesmos e conseguem se entreter com suas vidas e seus projetos individuais são os que estabelecem elos amorosos de melhor qualidade. Isso porque são menos possessivos e exigentes em relação ao outro, além de melhores amigos e membros dignos de suas comunidades. Em virtude dessas observações, a capacidade de ficar bem sozinho tende a ser vista como virtude, o que não o era até recentemente.

Aos poucos, o novo código de valores vai se consolidando, e penso que o século XXI nasce com perspectivas muito mais claras do ponto de vista moral. Bastar-se é o requisito para o estabelecimento de relações interpessoais não-oportunistas e justas. Justiça e honestidade serão os ingredientes da vida social, do sucesso profissional e a base para o estado interior de boa auto-estima e felicidade. Outro elemento fundamental que se acopla a esse desenvolvimento consiste na nossa capacidade de dominar emoções. Atitudes descompensadas e destemperadas em relação a qualquer emoção é indício de imaturidade emocional, ingrediente altamente prejudicial para quem deseja realizar todas as suas potencialidades. A regulamentação moral da vida pessoal não terá mais qualquer sentido prático, visto ela não ser mais necessária — sobretudo no tocante à regulamentação da vida sexual, hoje pouco importante para a estabilidade da vida social. É o que devemos tentar transmitir aos nossos jovens, mesmo se ainda não nos sentimos capazes de viver e de nos comportar assim.

A luta no sentido de conseguirmos encaminhar os novos membros da sociedade para essa direção é árdua, e a ela devem se dedicar de corpo e alma os pais e educadores. É preciso, acima de tudo, aceitar os fatos como eles são. Podemos constatar a presença de todos os tipos de pessoas aqui descritos; logo, não adianta tentar "tapar o sol com a peneira". Um dos nossos filhos poderá estar entre os que fazem parte dos três primeiros grupos, assim como alguns dos nossos alunos. Em todos os grupos sociais, particularmente aqueles que congregam crianças e jovens, há pessoas desprovidas de medo ou as que só respondem adequadamente por medo de represálias. Não é desabono nenhum, portanto, que uma família ou uma escola vivenciem problemas disciplinares e mesmo com drogas. Talvez seja necessário cautela na forma como se vai tratar a questão perante a comunidade; mas o fato é inexorável, já que tudo o que existe na totalidade dos locais existirá também no nosso ambiente — e mais ou menos na mesma proporção que se encontra na população geral; é evidente também que uma escola conhecida por sua tolerância e por aprovar todos os alunos poderá ser a mais procurada por aqueles jovens menos dispostos a evoluir.

EDUCANDO NO TEMPO EM QUE VIVEMOS

Aceitar a presença de alguns membros divergentes dentro do grupo de alunos é importante porque subtrai a responsabilidade e a culpa individual. O mesmo vale para os pais, a quem nem sempre cabe a pergunta: "Onde foi que eu errei?". Há criaturas mais difíceis de ser educadas, e o fato de não estarmos atentos a isso só pode ser nocivo. É claro que precisamos estar muito lúcidos acerca do problema que tem sido educar na época em que vivemos; todos temos sido muito prejudicados, já que só agora podemos ver com mais clareza para onde iremos caminhar. A atitude a ser tomada diante dos moços mais difíceis de ser educados dependerá do posicionamento de cada instituição e de suas possibilidades. Algumas poderão simplesmente expulsar os alunos infratores, enquanto outras tentarão constituir grupos de trabalho e de auxílio especial para os mais atrasados na escala da evolução moral.

É importante que estejamos bem cientes: ninguém é emocional ou moralmente pouco evoluído por vontade própria. Pode ser até que algumas pessoas mais egoístas — o que, em geral, as coloca entre o segundo e o quarto grupos — gostem de se mostrar como muito contentes e até mesmo orgulhosas do seu modo de ser. É tudo mentira! Por terem desistido de evoluir, querem apenas parecer que estão felizes consigo mesmas. Desistiram de ser e aceitaram a lamentável condição de só parecer ser o que não são.

Analisadas por esse ângulo, as criaturas menos evoluídas não serão objeto da nossa raiva, mas sim de algum tipo de compaixão e solidariedade. Não que devamos superprotegê-las pelo fato de serem como são, visto que isso seria um reforço no sentido da perpetuação da forma como vivem atualmente. Temos de tentar ajudá-las a evoluir. Aquelas que só respondem positivamente por medo de represálias deverão ser intimidadas, o que vale, como já afirmei, para todas as crianças ao longo dos primeiros anos de vida. Além das explicações acerca dos motivos que nos levam a pleitear que se comportem desta ou daquela forma, é importante deixar claro que o não-cumprimento do que esperamos terá conseqüências negativas para a criança. Podemos escolher entre recompensar atitudes positivas, punir as nocivas, ou ambos os procedimentos ao mesmo tempo.

Pessoalmente, tenho dúvidas sobre o uso exclusivo das recompensas por condutas adequadas, uma vez que isso transmite a idéia de que convém ser bom. Penso que a criança deve ser informada de que é bom ser bom, pois as pessoas boas sentem-se bem consigo mesmas e são mais felizes! Numa frase, obtêm uma recompensa interna por serem boas. Nada impede uma ou outra recompensa objetiva por feitos especiais. Adequações mínimas não devem ser recompensadas; voltaremos ao velho padrão que dizia: "Não fez mais do que a sua obrigação".

Além disso, o mais eficiente em nossa espécie — é bom lembrar que a idéia de privilegiar recompensas floresceu na mente de psicólogos que trabalharam essencialmente com outros mamíferos — é a punição por condutas inadequadas. Esse posicionamento firme determina maior aceitação dos padrões usuais de comportamento, o que é melhor do que nada. Para a grande maioria das crianças até os sete e oito anos, esse é o único recurso disponível; ainda assim, essa atitude firme sempre deveria vir acompanhada das explicações racionais que lhes dá respaldo.

A partir do acúmulo de informações no cérebro de cada criança, ela passa a ter um tipo de raciocínio que poderíamos chamar de abstrato: sai de dentro de si e imagina a situação que está sendo vivida do ponto de vista de outra pessoa. É a hora em que ela poderá emocionar-se ao ver um paraplégico sentado em uma cadeira de rodas, já que se imaginou na situação dele e sentiu a sua suposta dor.

Como tal processo de se colocar no lugar do outro é, por vezes, doloroso, muitas das que toleram mal as dores e frustrações deixam de praticá-lo. É nesse ponto que as evoluções moral e emocional convergem; assim sendo, é essencial influirmos no sentido de as crianças aprenderem a lidar melhor com frustrações e dores. Isso se faz não tolerando reações violentas quando são contrariadas, não poupando as crianças de nenhum tipo de sofrimento necessário e inerente à vida, não tendo comportamentos estourados e intolerantes na frente deles etc. Aquelas que suportarem a dor de se colocar no lugar dos outros passarão a ver cada situação da vida por mais de um ângulo e criarão a condição para que evoluam para os grupos que contêm valores éticos introjetados. A razão é a seguinte: se a criança toma uma atitude prejudicial ao interlocutor e é capaz de se pôr no lugar dele, perceberá que lhe causou um dano, uma dor. Sentirá a dor que causou no outro, o que lhe provocará uma tristeza correspondente ao sentimento de culpa. Quem tem sentimentos de culpa está equipado com um freio interno e não depende mais de interlocutores para limitar suas ações.

Esse mesmo período da vida corresponde ao do aprendizado da renúncia aos prazeres imediatos em favor de algo melhor no futuro, o que implica podermos tolerar a frustração que deriva daí, condição básica para nossa evolução tanto emocional quanto moral. O passo seguinte seria criarmos uma atmosfera intelectual tolerante, em que ficasse claro que todos os pontos de vista, todas as regras e doutrinas não são mais do que conclusões parciais determinadas pelo estágio atual do nosso conhecimento. Temos de estimular nossos jovens a conviver com as dúvidas, condição importante para que possam ter uma mente criativa que estará em constante evolução — fator que caracteriza o indivíduo do sexto grupo. Ortega y Gasset, importante filósofo espanhol do século XX, dizia que o vigor intelectual de uma pessoa é medido por sua capacidade de suportar dúvidas. Para mim, a dúvida também é uma forma especial de dor. Devemos ensinar os moços a não fugir dela sob pena de tenderem a se tornar pessoas predispostas à aceitação radical e fanática de alguma doutrina.

Insisto, uma vez mais, que devemos transmitir tudo o que foi dito aos nossos jovens, mesmo quando ainda não tenhamos conseguido pessoalmente essa mesma evolução. Nós e eles lutaremos juntos para fazer os avanços necessários à consecução de uma vida mais rica e feliz. Educar e formar nossos filhos e nossos alunos faz parte da nossa própria evolução, sobretudo considerando um mundo no qual mudanças de todo tipo têm ocorrido com a rapidez que temos presenciado.

Algumas considerações merecem ainda ser feitas acerca da questão da disciplina, aquela força racional que determina a nossa ação e nos faz vencer — quando essa é a intenção — nossos sentimentos e desejos. A vitória da razão jamais deve significar a negação dos nossos sentimentos. Preciso saber das minhas emoções, mas não sou obrigado a agir de acordo com elas. Temos a razão e ela existe para ser usada.

A disciplina à qual me refiro é, pois, a interior, a que se manifesta de modo independente do medo da represália e da vergonha a que poderíamos estar submetidos em caso de sermos negligentes e de cedermos à pressão de algum desejo ou da falta de vontade. Ela se manifesta mais freqüentemente junto com os desenvolvimentos emocional e moral das pessoas. Sem dúvida, há criaturas muito boas e ainda assim preguiçosas — o que é uma forma bem palpável de indisciplina. É fato que existem indivíduos moralmente muito duvidosos, porém são trabalhadores enérgicos e determinados.

Assim sendo, não podemos deixar de analisar um pouco melhor o tema e tratarmos de detectar outros importantes ingredientes necessários para que uma pessoa seja disciplinada. Não estou afirmando que os desenvolvimentos emocional e moral não costumam vir acompanhados de uma atitude disciplinada perante a vida e seus obstáculos. Esse é um importante ingrediente, mas não o único, tanto assim que a disciplina pode se manifestar isoladamente, assim como o desenvolvimento moral.

Sou tentado a agregar mais dois importantes ingredientes à questão. O primeiro diz respeito à vaidade e à ambição. Uma pessoa portadora de grande ânsia de destaque e sucesso poderá estar disposta a grandes sacrifícios para atingir seus objetivos — naturalmente o sacrifício não é desejado, mas será executado se for necessário para o atingimento das metas;

aos poucos, o indivíduo poderá até mesmo passar a se orgulhar de sua capacidade de trabalho e de renúncia aos prazeres imediatos em favor de seu objetivo pessoal, não vinculado à moral, percebido como mais importante. A vaidade e a ambição são também ingredientes presentes nas pessoas bem formadas moralmente. Elas estarão sujeitas a certa forma de regulamentação, que terá de se exercer dentro dos limites éticos. A vontade de sucesso e destaque existirá, todavia não poderá exercer-se a qualquer custo. Esse tipo de limitação costuma prejudicar a reflexão de muitos, uma vez que temos testemunhado as vantagens que pessoas inescrupulosas costumam levar sobre aquelas mais éticas. Isso, um fato que ainda ocorre hoje, em breve deixará de ser verdadeiro, de sorte que não devemos temer a transmissão de mensagens éticas aos nossos jovens; não estaremos contribuindo para que sejam perdedores. Além disso, convém lembrar que aquele que não age com dignidade sabe que está roubando no jogo, condição que inevitavelmente ofuscará sua eventual vitória e impedirá que ela se transforme em boa auto-estima e em um estado íntimo de felicidade.

Além da vaidade, registro mais um elemento importante para que nos conduzamos de maneira disciplinada. Ele consiste no interesse efetivo e no entusiasmo que dado setor do conhecimento nos desperta. Por exemplo, se uma criança é apaixonada por música, será muito mais fácil que venha a acompanhar com afinco e interesse as aulas de piano a que se propôs. Se aceitou fazê-las mais para agradar a seus pais do que por real interesse pelo instrumento, tenderá a não ser tão disciplinada. Terá sido boa filha e isso não fará dela uma boa estudante. Talvez fosse melhor conhecer seus gostos e interesses verdadeiros antes de assumir compromissos. Isso quer dizer que será sempre interessante avançarmos no autoconhecimento — o famoso "conheça-te a ti mesmo", do oráculo de Delfos —, para que nos possamos tornar criaturas disciplinadas.

A questão do surgimento de interesses genuínos nos remete a um dos temas mais atuais dos que lidam com os moços: a motivação. Muitos são os jovens que têm demonstrado pouco interesse e curiosidade em desvendar o que lhes é desconhecido. Parece que não se sentem intrigados ou inquietos diante de uma dúvida, de uma questão a que não sabem como responder. Dão a impressão de que não sentem o desconforto derivado de não saber solucionar um novo dilema. Talvez o que aconteça é que, ao sentirem a dor derivada do desconhecimento, se afastam dela o mais rapidamente possível. O desejável seria que tentassem usar todo o potencial intelectual disponível para tentar resolver o problema, exatamente como costumávamos agir diante de um quebra-cabeça que não estávamos conseguindo montar.

O tema é complexo, e não pretendo me aprofundar muito. Gostaria apenas de estimular a reflexão dos pais e dos professores a respeito dele. Parece-me óbvio que o exemplo doméstico é de grande valor, de modo que crianças que crescem em um ambiente em que tudo parece já estar resolvido tendem a se tornar menos curiosas. A exagerada exposição familiar à televisão certamente não predispõe para o surgimento de grande motivação; ao contrário, não é de surpreender que a passividade assim estimulada seja um considerável fator negativo, diminuindo muito nossa curiosidade e a disposição de aprender por força de um empenho pessoal mais exigente. É notório também que um ingrediente determinante do aparecimento dos interesses nos jovens é a forma como são introduzidos aos assuntos. Mas isso é outro aspecto de importância ímpar, parte do que tratarei adiante.

2
O Papel da Instituição e da Família

Do exposto até o momento, fica evidente quão relevante é a questão da formação dos nossos jovens. Não basta nos preocuparmos apenas com a transmissão das informações necessárias ao bom desempenho deles no mundo material que os cerca. Temos de ensiná-los a se conhecer melhor, a evoluir moral e emocionalmente, para que possam vir a ter boa autoestima e alegria íntima, bem como mostrar-lhes que o fato de serem criaturas disciplinadas não é suficiente. É absolutamente necessário que tal virtude venha acompanhada de verdadeiros interesses e valores morais. A disciplina movida tão-só pela força da vaidade e da ambição desregrada pode transformar a pessoa em um tirano perigosíssimo — sim, porque um tirano disciplinado é mais ameaçador do que um que é preguiçoso!

Isso por um lado. Por outro, a transmissão de conhecimentos é a missão explícita da escola. Não pode nem deve ser, em hipótese alguma, negligenciada. Não se pode mais defender a inversão de valores, tão em moda nas décadas de 60 e 70, em que se pregava que a formação era a essência do educar e a informação poderia ser relegada a um plano secundário. Esse tipo de atitude corresponde a uma grave e irreparável contradição: se a missão da escola é informar e ela não a cumpre, já estará influenciando negativamente a formação dos seus alunos. Isto é, em nome de outras intenções, estará se desobrigando de desempenhar sua tarefa essencial, o que pode ser entendido como um sinal de negligência e irresponsabilidade.

A minha maneira de pensar sintetiza as duas intenções, ou seja, que o ato de ensinar e transmitir o conhecimento pode e deve estar a serviço da formação dos moços. Se o fizermos com firmeza e determinação, estaremos transmitindo a eles sinais claros. Em primeiro lugar, lhes diremos o quanto prezamos o conhecimento. Afinal, temos muito do que nos orgulhar, já que nossa espécie chegou a esse planeta sem nenhuma informação, gastou mais de cem mil anos para conseguir constituir uma linguagem rudimentar, transferível de uma geração a outra, dando início ao uso da razão. Tínhamos o equipamento para nos desenvolver, mas nos faltava o modo de colecionar e transmitir as informações, o que propiciou o extraordinário uso que temos feito do nosso cérebro. E o que ensinamos nas escolas? Uma espécie de resumo dos capítulos da novela da vida do homem sobre a Terra; de posse desse resumo, as novas gerações passam a ter as condições necessárias para poder acompanhar o que está acontecendo no presente e, sobretudo, para que possam participar ativa e construtivamente do seu tempo. Acredito que a família também desempenha um papel relevante nesse processo, demonstrando amor pelo saber e respeito pela importância do papel da escola.

Transmitir tais informações básicas sobre nossas línguas, nossa história, as ciências que desenvolvemos e as artes que conseguimos criar não é, pois, irrelevante. É uma das tarefas essenciais da vida em comunidade, uma vez que trata da continuidade do saber que já acumulamos. Alguns dos novos discípulos serão os mestres de amanhã, responsáveis pela transmissão do saber até então acumulado para os nossos filhos e depois para os filhos dos nossos filhos.

Como considerar a transmissão das informações algo menos relevante? Nada é mais importante do que a educação — nem mesmo a medicina. Do ponto de vista desta ciência, os grandes avanços na qualidade de vida e na questão da longevidade sempre passam pela educação. Medicina preventiva é educação. É verdade que descobrimos como era o ciclo vital de alguns dos micróbios responsáveis pela morte precoce de milhões de pessoas. Pudemos ensinar às populações a não construir fossas muito perto dos poços de onde extraíam a água potável; ensinamo-lhes a tomar cuidado com mosquitos que se instalam em casas de pau-a-pique, a não tomar banhos em determinadas lagoas, e assim por diante. Ao instruí-las sobre esses procedimentos simples, pudemos diminuir dramaticamente o número de casos de febre tifóide, da doença de Chagas e da esquistossomose; graças a essas e a outras medidas, a vida média das pessoas passou dos 45 para os 60-65 anos.

Vivemos outra fase interessante: aprendemos que a vida sedentária, o tabagismo e uma alimentação inadequada podem causar precocemente doenças degenerativas graves e irreversíveis. Ao nos conscientizarmos de que a atividade física, e uma dieta balanceada são importantes e de que é imperativo pararmos de fumar, estaremos conseguindo um acréscimo de cerca de 15 anos à nossa vida média. Isso não é medicina, é educação. Ensinamos aquilo que a ciência nos forneceu. E não é isso o que faz a escola o tempo todo?

Não creio que seja necessário convencer o educador sobre a importância da transmissão do conhecimento que conseguimos acumular. Entretanto, não custa reforçar tal ponto de vista nos valendo das recentes conquistas derivadas dos avanços das ciências. Os moços precisam ser sensibilizados para saber da enorme utilidade de acumular conhecimento — para que possam melhor utilizar sua razão — e para aprender a pensar com rigor e honestidade, o que não se transmite por intermédio de livros, mas do exemplo.

No Capítulo 3, trataremos do relacionamento direto entre alunos e professores. Aqui, gostaria de enfatizar o papel da instituição de ensino: uma escola que se guia por regras claras, nas quais estão definidos os papéis de cada elemento da cadeia educacional, que faz a sua parte antes de cobrar a dos alunos, que transmite honestidade e firmeza de posições. Isso é necessário nos tempos atuais, visto que muitas são as empresas ditas educacionais que apenas se interessam pelo lucro. É claro que ele é necessário à sobrevivência da instituição. Mas se ela transmitir a impressão — e o fará se essa for a verdade — de que o lucro é um objetivo a ser perseguido a qualquer custo, não tenham dúvida de que alunos, professores e funcionários desrespeitarão o local onde passarão metade do seu dia. E esse desrespeito manifestar-se-á de todas as formas, desde a tendência predatória em relação aos prédios e ao mobiliário até o descaso direto por diretores e professores. Os alunos sentir-se-ão poderosos, os clientes que terão de ser bem tratados. Afinal, estão pagando! Não há como pretender exercer um posicionamento rigoroso e exigente com jovens que se vêem nesse papel superior. A escola passa a ser deles, sendo o seu único dever pagar as mensalidades.

O mesmo se aplica à transmissão de valores e formação moral. Se os jovens perceberem fragilidade e falta de rigor por parte dos dirigentes da instituição em que estudam, tenderão a se rebelar e a tentar subverter a ordem. A escola deverá ser tolerante para com as peculiaridades dos alunos, contudo não abdicar, em hipótese alguma, do seu papel de autoridade. Os valores que a instituição preza devem ser claros e declarados. A justiça, a honestidade, a delicadeza no trato das pessoas, o respeito pelas diferenças e todos os demais valores morais que tenho descrito ao longo do texto deverão ser defendidos com veemência e tidos como inegociáveis.

Não se trata de uma liderança imposta. Ela o será quando os responsáveis pela escola não tiverem atitudes iguais às que cobram. Num contexto de contradições óbvias, só resta intimidar. A liderança pela via do medo de represálias sempre será inferior àquela que se estabelece por respeito, ou seja, uma espécie de temor reverencial que as pessoas desenvolvem em relação a alguém que elas de fato admiram. Ele corresponde ao desejo de agradarmos e sermos valorizados por aqueles a quem valorizamos. Se esse objetivo não for atingido, não estaremos sujeitos a nenhuma represália externa. Padeceremos de enorme tristeza interior, o que talvez doa muito mais do que uma surra.

A instituição é respeitada quando ela mesma, além de rigorosa, portadora de valores explícitos, honesta, pode também rever seus paradigmas e estar em permanente processo de renovação, o que não é nada irrelevante para o próprio processo educacional; indica que aquela comunidade está sempre buscando se aprimorar, agir com mais precisão e eficiência, pensar cada vez com mais rigor e próximo do que seja a verdade. Aponta, acima de tudo, que a própria instituição age como uma entidade que faz parte do sexto grupo da moral, conforme descrito no Capítulo 1.

Essa é a tarefa essencial das lideranças escolares — e, quem sabe um dia, das lideranças em geral: dar caráter dinâmico à sua instituição, condição para que ela entre num processo interminável de aprimoramento e desenvolvimentos individual e grupal. Os professores e funcionários sentem essa movimentação e não podem deixar de ser contagiados por ela. Eles contaminarão os alunos, razão pela qual estaremos diante de uma instituição que viverá em permanente movimento. É nesse contexto que eventuais inovações propostas pelos jovens devem ser tratadas com consideração e respeito, já que a eles cabe, como disse Winnicott, o papel da criatividade irreverente e irresponsável, que pode portanto conter importantes sementes a serem cultivadas. É assim que uma instituição de ensino, pouco importa se fundamental ou superior, perde aquele aspecto antipático de entidade voltada para o passado que só ensina aquilo que já se sabe. Dessa forma, estaremos diante de uma comunidade dinâmica que ensina o que já se sabe, todavia está aberta para o presente e até mesmo contribui para que surja o novo.

É curioso observarmos que as instituições mais dinâmicas são aquelas em que as lideranças não se furtam a assumir seu papel de transmissora e guardiã das regras e dos valores essenciais. Sim, porque para que possamos avançar é necessário, antes, que nos apoiemos no que existe. Um prédio precisa de alicerces para poder se levantar, caso contrário, não poderemos pretender nenhum tipo de evolução nem mesmo de ambiente criativo. A ausência de liderança respeitável gera insegurança em todos — professores, funcionários e alunos —, ao mesmo tempo que cria um contexto no qual as pessoas apenas buscam a sobrevivência. O clima de incerteza e insegurança não é propício para o desenvolvimento moral, visto que em situações de grande adversidade existe, em todos nós, uma tendência a regredirmos na direção do egoísmo, do "salve-se quem puder".

As instituições mais dinâmicas, lideradas sem pudor nem arrogância, geram outro ingrediente bastante construtivo ao desenvolvimento emocional dos seus membros: o prazer e o orgulho de pertencer àquela comunidade. Não há necessidade de me estender sobre a contribuição disso para o prazer dos seus membros quanto a sair de suas casas e dirigir-se àquele ambiente de trabalho sentido como aconchegante. Esse prazer determina, é claro, um aumento da produtividade, da auto-estima, gera mais segurança, predispõe para todos os avanços, sempre bem-vindos, no sentido da evolução emocional e também moral. Felizmente, há "círculos viciosos" positivos e construtivos.

Insisto, uma vez mais, que, mesmo nesse tipo de situação ótima, a qual predispõe para a máxima motivação de cada indivíduo, sempre haverá aqueles que não vão seguir os passos evolutivos do ambiente em que se encontram; por conseguinte, tentarão tumultuar e desqualificar o valor daquilo que não conseguem alcançar. Isso não depõe contra a instituição, apenas significa que não somos todos iguais. Medidas restritivas, punitivas e até de exclusão são, por vezes, necessárias ao bom andamento do todo.

O PAPEL DA FAMÍLIA

Gostaria agora de tratar, ainda que de forma breve, da delicada questão do papel da família na formação das nossas novas gerações. Apesar de esse texto ter sido inicialmente dedicado ao professor e voltado para o papel da escola, o próprio ato de escrevê-lo permitiu-me observar como o papel da família é similar. Pais e instituições de ensino têm o mesmo objetivo, qual seja, o de formar e informar as novas gerações. As escolas e as famílias têm passado por crises parecidas ao longo das últimas décadas: perderam os padrões de referência que vigiam até os anos 60 e se tornaram excessivamente vulneráveis aos novos conceitos psicológicos, estes nem sempre transmitidos à população com o devido rigor e a sofisticação daqueles que os construíram. Os pais têm estado perdidos como seres humanos e não apenas como educadores; logo, o modo como têm vivido tem sido bastante contraditório, o que influi negativamente sobre a formação de seus filhos.

Não devemos perder muito tempo com auto-recriminações indevidas e infrutíferas. Devemos, isso sim, tentar compreender melhor tudo o que temos vivenciado. Como educadores, fomos muito influenciados pelos conceitos derivados da psicanálise, que nos introduziu uma variedade de novos pontos de vista: o que considera as primeiras experiências infantis como definitivas e não podem, jamais, ser traumáticas, o que enfatiza a adequada evolução emocional, tida como mais essencial do que a aquisição de informações, aquele que se preocupa com o excesso de repressões a que as crianças estariam sujeitas, o que causaria sentimentos de culpa em dose indevida, e assim por diante.

A influência desses pontos de vista aumentou muito a responsabilidade dos pais quanto a aspectos imponderáveis da educação e diminuiu a relevância atribuída às atitudes educacionais propriamente ditas, aquelas relacionadas à incorporação de condutas socialmente adequadas, o respeito pelos mais velhos, a preocupação com os valores morais, a disciplina etc. A negligência estendeu-se também às pequenas normas relativas à etiqueta; assim sendo, muitos jovens hoje têm problemas derivados de não terem aprendido a se portar à mesa, a agir em situações sociais mais formais, em contextos profissionais mais respeitosos etc.

Os pais foram sensibilizados pelas novas teorias psicológicas, segundo as quais o primordial era dar amor a seus filhos. Essa expressão genérica e vaga deixa lacunas fundamentais: afinal, o que é exatamente dar amor a um filho? É colocá-lo no colo e fazer carícias nos seus cabelos mesmo quando já tem 15 anos? É compreender e perdoar todos os seus atos? É estar sempre disponível a se doar a ele em sacrifício dos direitos dos adultos, mesmo que não seja merecedor? É óbvio que não. O amor corresponde à sensação de aconchego que sentimos ao lado de determinadas pessoas. Aquelas que nos provocam essa sensação agradável e apaziguante não precisam fazer nada para que sintamos o bem-estar; basta que estejam lá e verdadeiramente nos queiram ao lado delas.

Esse é um ponto de capital importância, pois ninguém pode, em sã consciência, gostar da companhia de alguém que o maltrate, o agrida e o ofenda — ainda que seja filho. E, se alguém gostar disso, deverá procurar ajuda psicológica urgentemente. Não existe amor incondicional, a não ser quando as crianças são muito pequenas. Após certa idade — aproximadamente cinco anos —, já estamos esperando algum tipo de retribuição pelos nossos atos. Gestos de afeição terão de ser correspondidos. Esforços no sentido de agradar as crianças deverão ser acompanhados do empenho delas em agir conforme as nossas expectativas, e assim por diante.

Espera-se que a criança sinta prazer em se tornar cada vez mais independente, tanto por ser bom para a sua auto-estima quanto pelo fato de liberar sua mãe. E ela precisa gostar de alegrar a seus pais. Para que aja assim, é necessário que perceba quais as ações que os decepcionam e evitá-las. Cabe aos pais também ser claros em manifestar o que esperam de seus filhos, que condutas aprovam e quais desaprovam. Assim, a criança vai aprendendo a distinguir entre elas e deverá optar pelas primeiras, porque não se sentirá feliz nem segura caso perca o afeto deles.

Esse instrumento pedagógico de suma importância deixou de ser usado em decorrência do entendimento indevido das idéias psicanalíticas que geraram um enorme pavor nos pais de traumatizar seus filhos. Como sempre ocorre, o titubeio dos pais é percebido pelos filhos, os quais então tendem a ocupar o território livre. Dessa forma, muitos lares são, hoje, "governados" por eles. Nesses casos, são os pais que temem perder o afeto dos filhos!

Outro fator tem contribuído para a atitude titubeante dos pais quanto à transmissão de valores definidos para seus filhos. Trata-se da instabilidade das relações conjugais, o que leva muitos adultos a se apegar mais do que deveriam a seus filhos. Frustrações no relacionamento conjugal são "resolvidas" mediante ligações afetivas exageradas com os filhos. É mais um reforço na direção da transferência do poder aos filhos, visto que, por vezes, os pais encontram-se tão ou mais frágeis e dependentes do que eles. Nesse contexto de fragilidade emocional dos adultos, não há como ter firmeza e autoridade para impor às crianças as frustrações necessárias à aquisição de valores, o que também faz parte do empenho de ensiná-los a lidar melhor com as frustrações, requisito essencial do crescimento emocional.

Os pais costumam viver mais um problema que limita suas possibilidades de agir com energia na formação dos filhos. É bastante comum que um dos cônjuges seja emocionalmente imaturo, mais agressivo, egoísta e pouco tolerante a frustrações e contrariedades. Se um é assim, o outro costuma ser tolerante, mais paciente, é o que evita brigas e o mais generoso. O que acontece? Os filhos ficam expostos, desde o início de suas vidas, a dois padrões antagônicos de comportamento. E mais: pelo simples fato de os pais estarem juntos e, ao menos oficialmente, se amarem, a presença de um justifica o modo de ser do outro. Assim, as crianças são expostas a dois modelos diferentes de conduta, parecendo que ambos são de igual valor. Cada uma poderá escolher o modo de ser; isso vale para o primeiro filho, já que o segundo tenderá, graças à rivalidade que costuma existir entre eles, a ser o oposto do primeiro. Condutas radicais, ambas inadequadas, têm se perpetuado por meio desse tipo de situação que não cabe aqui detalhar.

De todo o modo, isso nos mostra por que os pais têm sido tão incompetentes no exercício de importante mister. Aqueles que compreenderem a seriedade da tarefa de educar tenderão a se afastar dos padrões atuais, buscarão uma situação intermediária entre a atitude repressiva tradicional e a permissividade covarde dos nossos dias. Teremos de voltar a ser firmes e determinados na transmissão de valores, não por força de um moralismo hipócrita como fizeram nossos avós nem para que crianças e adolescentes se afastem dos "pecados" do sexo. Deveremos formá-los para que sejam cidadãos respeitáveis, úteis, dignos e seres humanos mais completos e felizes.

Tais observações explicam, ao menos em parte, por que as famílias têm transferido tanto para as escolas a responsabilidade pela formação de seus filhos. Os pais não sabem como se portar. E quando surge alguma dificuldade preferem a confortável atitude de buscar os "responsáveis", em vez de apontar o dedo na direção de si mesmos. A verdade é que pais e instituições de ensino terão de estabelecer um diálogo mais vivo e intenso; os pais deverão voltar a participar mais ativamente da formação das crianças e a agir de modo coerente e compatível com as normas propostas pela escola a quem confiaram a educação de seus filhos.

A questão essencial é: as crianças deveriam estar expostas a um único conjunto de valores que conteriam apenas as regras mínimas e fundamentais, pois não se trata de voltar aos padrões repressivos do passado e muito menos suprimir a criatividade dos nossos jovens. Quanto a esse pequeno rol de regras da moral, não cabe transigir. Famílias e escolas deveriam partilhar dos mesmos pontos de vista, de forma a não gerar confusão na mente dos moços e evitar que usem as contradições para ganhar força e se rebelar de uma forma nociva à sua formação.

O afinar dessas normas certamente dará grande ênfase ao posicionamento social justo, no qual os direitos humanos são iguais. Isso talvez contribua para que os casais abram diálogo acerca de suas atitudes antagônicas tão prejudiciais à formação de seus filhos e ao bom andamento de seus casamentos. Talvez se beneficiem muito do empenho que deverão fazer em favor da boa formação de seus filhos. Sim, porque isso poderá servir de estímulo para a evolução emocional de ambos — egoísmo e generosidade são extremos exagerados e inadequados; o ponto de equilíbrio está no meio, entre os dois modos de ser. Mesmo enquanto essa evolução ainda não se deu, cabe, como já afirmei, avisar as crianças da existência de uma contradição entre o que se pede delas e o que os pais fazem. A contradição assim apontada perde gravidade e poderá ajudá-las a conhecer melhor as forças antagônicas que operam dentro delas. O conjunto torna-se educacional para pais e filhos.

Como já assinalei, não vejo desabono algum do pai ou da mãe quanto a lhes ensinar o que eles próprios não praticam. O mais grave é não tentar ensinar-lhes nada. Se o pai fuma, sabe e afirma que é um viciado, nada o impede de pretender "salvar" o filho dessa dependência nociva. Será exemplo de sinceridade, humildade, e ainda o informará sobre os malefícios do cigarro e de qualquer outra droga, bem como da dificuldade em se conseguir abandonar um vício. Cabe aos pais e às instituições de ensino contribuir para que as novas gerações superem as que hoje estão atuando. Nossos filhos terão de ser melhores do que nós. Contribuir para isso é a maior prova de amor que se pode dar.

3
O PAPEL DO PROFESSOR

Dentre todos os personagens que integram uma instituição educacional, o professor desempenha o papel principal. Cabe-lhe a tarefa crucial de se apresentar várias horas por dia perante uma ou mais platéias heterogêneas e nada fáceis de cativar. Os estudantes são crianças, adolescentes ou adultos jovens e nem sempre estão espontaneamente interessados nos temas que são objeto das aulas que têm de assistir. São naturalmente inquietos devido à imaturidade e não raro sobressaltados por doses maciças de hormônios sexuais. Fica distante o interesse sobre os rios do Brasil aos 14-15 anos; aliás, nessa idade é difícil a concentração em qualquer assunto que não seja erotismo e amor. Não podemos interromper por vários anos o trabalho de formá-los e informá-los, portanto temos de nos esmerar na árdua tarefa de conquistar a sua atenção, ainda que por alguns minutos.

Convém relembrar que há outro fator igualmente importante que contribui para a dispersão das crianças e dos adultos em geral: trata-se da presença, nas nossas casas, dos meios de comunicação eletrônica. A televisão determina uma atitude passiva, o que se acaba constituindo num hábito. As pessoas não precisam fazer nenhum esforço para se concentrar naquilo que está sendo mostrado, quase sempre de forma colorida e atraente. É difícil para um livro, por exemplo, competir com a televisão, ao menos para os que se habituaram a gastar muito tempo diante dela. O livro requer um empenho ativo de leitura; as páginas não se movem por si; para nos entretermos, devemo-nos concentrar nas palavras e delas conseguir "voar" na direção daquilo que o texto evoca. Qualquer desatenção e teremos de retomar a leitura algumas linhas para trás. No caso da televisão, nada disso acontece: se nos distrairmos, a história continuará a ser contada e pegaremos o fio da meada um pouco adiante sem qualquer esforço.

Raciocínio semelhante ao desenvolvido para o livro vale para o ato de assistir a uma aula ou conferência. O processo é similar ao da leitura, pois é necessário prestar atenção em palavras ditas por alguém que está diante de uma platéia e dispõe de poucos recursos para entretê-la, excetuando-se a forma de falar e alguns rabiscos que possam ser feitos num quadro-negro. A vantagem — duvidosa — em relação à leitura é que a fala não se interrompe quando do o espectador se distrai, o que permitiria a retomada do interesse em algum momento posterior; isso só é possível, entretanto, quando a pessoa não perdeu totalmente o fio da meada; quando for esse o caso, só resta ao espectador tratar de adormecer, ou então conversar com o colega ao lado.

Se levarmos em conta apenas esses dois fatos — o da época da vida em que os novos membros da comunidade devem se dedicar à tarefa de se familiarizar com o que de mais importante nossa espécie produziu assim como o fato de que a concentração ativa requer um esforço enorme que hoje está desestimulado pelo hábito do entretenimento passivo —, já poderemos ter uma idéia de como o professor terá de ser um excelente ator para exercer com competência esse difícil e importante mister.

Tenho tido a oportunidade de estar com muitos educadores e me alegro sempre no convívio deles, visto serem criaturas bem-humoradas e otimistas. E não poderiam ser de outro modo, já que convivem com os moços e prestam um serviço de extraordinária relevância, apesar de enfrentarem enormes obstáculos. Nem sempre adequadamente reconhecidos na sociedade, só podem se dedicar com afinco ao trabalho graças ao idealismo, ao gosto por ser útil e se empenhar numa tarefa cujo prazer deriva essencialmente da sensação íntima de contentamento por se sentir um membro positivo da comunidade em que vive. Por vezes ele não chega a esse ofício movido por uma vocação que o chama desde menino. Inúmeros são os que aí aportam devido às circunstâncias da vida. Começam com muita dificuldade e só aos poucos vão se apercebendo da complexidade e de como pode ser apaixonante desvendar os mistérios da arte de ensinar. Com os atores acontece o inverso: muitos sonham com a carreira desde cedo e consideram a comunicação de sentimentos algo simples e automático; ao perceberem as dificuldades envolvidas, vários se desinteressam ou não se sentem com fôlego suficiente para o complexo aprimoramento que o ofício exige.

O professor é um ator com uma missão especial, qual seja: cativar e impressionar uma platéia jovem e nem sempre muito interessada. Dar aulas no ensino médio e no ensino superior é mais difícil do que em um curso de pós-graduação. Sim, porque com os anos de estudo, as pessoas aprendem a se concentrar diante de alguém que apenas fala. Além do mais, elas estão mais diretamente interessadas nos temas abordados no curso mais especializado, percebendo de forma mais clara a utilidade profissional do conhecimento que estão empenhadas em acumular.

Apresentadas essas observações iniciais, fica evidente que a única coisa fácil no que diz respeito ao ato de ensinar é criticar os defeitos deste ou daquele professor. Um desempenho adequado, conseguir impressionar os moços e atrair a atenção deles é tarefa hercúlea. O professor ensina por todos os meios: a forma como se apresenta aos alunos, a entonação de voz, o charme e carisma — e quem sabe o significado e conteúdo da palavra "carisma"? —, o senso de humor, o otimismo, a forma como gesticula, o jeito de escrever no quadro, o modo como chama a atenção dos seus alunos etc.

Não é à toa que se trata de uma atividade apaixonante e por vezes intrigante. Sim, porque o mesmo professor pode ter sucesso com certo grupo de alunos de dada classe e fracassar em outra. Nem sempre é fácil explicar as variáveis envolvidas nesses casos, assim como os atores não sabem por que, perante determinadas platéias, atuam muito melhor e de forma mais engraçada do que diante de outras. É indiscutível que estamos diante de um processo de interação, no qual o professor — ator — e os alunos — platéia — sofrem a influência um do outro. Se avançarmos no entendimento dessa dinâmica, talvez consigamos algum progresso nessa tarefa fascinante, porque sempre teremos muito a evoluir e a nos aprimorar. Essa é a razão pela qual a repetição dos temas e das aulas não se torna tediosa; assim como nas peças de teatro, a repetição é apenas superficial, uma vez que cada nova situação determina uma interação dinâmica original e única.

Meu intuito é contribuir com alguns dados e algumas sugestões para que os professores possam adicionar outros elementos a suas reflexões e introspecções. Acredito que sempre que nos apropriamos de novos dados de conhecimento damos início a um processo ativo dentro de nossa subjetividade, que redundará em efetivas alterações no nosso processo de ser e agir. É importante compreender que não existem a pessoa e o professor; o progresso de um redundará no avanço do outro e vice-versa. Se a meta da vida é o crescimento individual, poucos ofícios criam condições tão favoráveis ao autoconhecimento como a vivenciada por aqueles que interagem com grupos de pessoas.

Um dos ingredientes da personalidade do educador que ressalta aos olhos de suas platéias consiste no fato de ele ser uma criatura verdadeira e consistente, saber sobre o que está falando e acreditar no que está dizendo. Excelentes atores, no exercício das mais variadas atividades, poderão transmitir a impressão de consistência sem tê-la. São os charlatões. Estou excluindo essa hipótese do presente texto para professores por duas razões: os charlatões costumam se interessar por atividades mais rentáveis e têm de mudar de ambiente com regularidade, já que a longo prazo a farsa acaba se tornando explícita. O professor tem um trabalho cuja característica principal é, como já disse, se expor diante de platéias difíceis por longas horas. Só não será uma criatura tensa e estressada se puder se mostrar como é. Para isso, ele necessita da autoconfiança de se saber um ser humano legal. Mas ninguém o é sem ser verdadeiro e consistente. A autoconfiança cresce à medida que ele se expõe aos seus alunos, de sorte que o seu crescimento se faz pelo próprio ato de ensinar.

Algumas atitudes podem parecer contraditórias, mas não o são. É o caso do professor que é firme e ao mesmo tempo tolerante. Já sabemos o quanto é importante respeitarmos a irresponsabilidade criativa dos que ainda não se tornaram adultos e também que a criatividade só se manifesta num clima em que existe a figura da autoridade; é o caso da criança que brinca e descobre o universo que a cerca na presença da mãe — basta ela ir ao banheiro para que a criança interrompa suas atividades e vá atrás dela. A tolerância envolve essa mesma faceta, qual seja: a de sabermos observar e encontrar o que existe de importante e útil nos atos espontâneos dos nossos alunos. É preciso sermos firmes quando o ambiente se desvirtua, da mesma forma que um maestro tem de intervir quando algum músico desafina. A arte de saber quando tolerar e quando trazer os alunos de volta para o tema estudado é algo que cada professor desenvolve no decorrer de um longo tempo e com muita intuição e perspicácia. Assim como os pais não devem fazer concessões por medo de perder o amor dos seus filhos, não acho que os professores tenham de se submeter para ser queridos pelos alunos; não se devem empenhar em ser amigos deles — ao menos no sentido igualitário da palavra. Podem, sim, aceitar uma boa dose de espontaneidade e liberdade no trato para com eles desde que isso seja no sentido de ajudá-los a se tornar pessoas mais livres e competentes para refletir mais profundamente sobre os temas que estejam em questão. O professor não deve fazer nada em nome de sua própria glória: ela sempre será indireta, decorrente do sucesso de seus alunos.

Evidentemente, o professor deverá ter um bom conhecimento acerca da matéria que transmitirá e estar consciente de que, por mais que saiba, sempre haverá muito por aprender. Assim, o sábio é sempre um aprendiz. Não só não há contradição alguma nisso, como o ato de permanecer como aprendiz é importante para que continuemos a evoluir, condição basilar para mantermos o saber atualizado, notadamente numa época de rápidas transformações como a nossa.

Sob essa ótica, nada mais plausível do que, por vezes, o professor não dispor da informação para responder à pergunta de algum aluno. Não deverá envergonhar-se disso e muito menos tratar de "enrolar" sua platéia com respostas pomposas ou incompletas. É melhor ser sincero e dizer que não sabe, o que condiz com a pessoa consistente e verdadeira que deve ser. O problema será resolvido na aula seguinte, ocasião em que é dever do mestre voltar ao tema e se referir ao que conseguiu aprender em decorrência da dúvida que lhe foi inoculada. Na verdade, deveríamos apreciar perguntas que não sabemos responder, porque elas determinam uma inquietação que nos instiga a curiosidade e nos leva à busca do conhecimento novo.

A VIRTUDE NECESSÁRIA: CORAGEM

Acredito firmemente que a maior virtude de um professor é a coragem! Não é nada simples postar-se diante de uma platéia de seres ainda incompletamente educados, em que sempre existirão alguns um tanto ferozes e instigadores de intriga e discórdia. Aliás, mesmo quando mais velhos, é sempre apavorante para uma pessoa se apresentar perante um grupo. É aflitivo quando estão atentos a nós e mais ainda quando ficam desatentos. É preciso ter coragem para ser determinado, agir assumindo para si a responsabilidade e o papel de autoridade, daquele que dita normas que vão reger o relacionamento a ser estabelecido. Regras e valores vão desde os menores, englobados pela palavra etiqueta, até os mais importantes, relacionados à justiça, à solidariedade e a tudo aquilo que está implícito na palavra disciplina — ou seja, domínio sobre si mesmo tanto para o próprio bem como para a harmonia grupal.

A coragem caracteriza-se pela vitória da razão sobre o medo, quando este for o caso. Assim sendo, pode ser considerada uma das manifestações da disciplina. Aquele que é destemido não necessita de coragem, que, em última análise, é virtude dos que sentem medo — e que somos quase todos nós. Jamais nos deveríamos envergonhar por sentirmos medo ou vergonha, que é o medo de sermos objeto de ironia e deboche. Sempre que nos expusermos a uma situação de perigo sentiremos medo, pois este parte do instinto de autoconservação é um aviso de que estamos em perigo, ameaçados física ou moralmente. Uma grande questão a ser levantada pela razão antes de qualquer ação é saber se se trata de um medo que deve ser respeitado ou algo que pode ser enfrentado. A decisão de aceitá-lo como um freio diante de um obstáculo a ser respeitado ou enfrentado deve ser tomada caso a caso, e nenhuma regra geral rege esse processo.

Quando uma pessoa se levanta no meio de outras e atrai sobre si a atenção delas, passa a correr um perigo real: o de desagradá-las e de estar sujeita a represálias um tanto inesperadas — já que não é fácil prevermos as reações grupais. Repito o que afirmei: é mais fácil falar para uma platéia adulta em um curso de especialização do que ensinar matemática nos últimos anos do ensino médio. Nenhuma platéia será mais inquieta e difícil do que a de púberes acostumados à televisão vindos de um ambiente familiar que não exige deles atos de respeito pelo próximo. Nada mais justo do que sentirmos medo e nada mais edificante do que o enfrentarmos graças a uma força racional que nos impulsiona e nos determina, qual seja, a coragem.

Poucos são aqueles que não têm, desde o início de suas atividades sociais, algum medo de falar em público. São criaturas privilegiadas, e isso conta muito para a facilidade de socialização nos anos da infância; a vantagem é óbvia quando, por exemplo, uma criança é obrigada a mudar de escola e se familiarizar com um novo ambiente. A maior parte de nós sente medo e, sobretudo, vergonha, além de ameaçados, talvez porque já tenhamos sido expostos a alguma situação pública desagradável em nossas famílias ou mesmo em alguma atividade escolar anterior ou de recreação em grupo. Não é impossível que esse medo derive apenas das ponderações que a criança faça em decorrência do que viu acontecer com outras — ou assistiu em algum programa de televisão.

De todo o modo, a grande maioria das crianças de sete a oito anos já conhece o rubor típico da vergonha, além dos temores mais explícitos de serem objeto de violência física por parte de alguns colegas de classe ou de bairro. As menos agressivas de nascença são mais propensas a desenvolver o medo, uma vez que não são muito competentes para o revide necessário tanto para a recuperação da auto-estima como para evitar que o episódio se repita de modo sistemático e ela se transforme no "bode espiatório" da turma. Do ponto de vista da vergonha, os púberes e adolescentes são imbatíveis: sentem vergonha de tudo, riem com facilidade de forma nervosa e se preocupam como são olhados, com as críticas de que supõem estar sendo objeto etc. Gastam a maior parte do tempo e o melhor de sua energia no espelho, preocupados em tentar controlar todas as variáveis relacionadas à forma como se apresentam diante dos outros. Já expus meu ponto de vista de que a vaidade é parte do nosso instinto sexual; logo, a puberdade determina a exacerbação de todos os seus ingredientes. É nessa idade que "os outros" ganham a importância que, como regra geral, vai lhes acompanhar por toda a vida.

Voltando ao nosso tema, gostaria de relatar minha experiência pessoal no que diz respeito às dificuldades que tive de falar e de me apresentar em público. Desde pequeno fui muito medroso, mais do que a média das crianças. Tinha medo de ladrão, de bichos reais e das figuras imaginárias. Detestava filmes de suspense e os brinquedos em parque de diversão me aterrorizavam — o que me acontece até hoje. Tudo o que era feito para provocar medo, até mesmo com o intuito de divertir as pessoas, em mim tinha uma intensidade tal que não me divertia.

Experiências traumáticas não faltaram: uma família vizinha morreu em um desastre aéreo quando eu tinha cinco anos; andei de avião normalmente por mais uns anos, contudo entre 15 e 30 anos estive totalmente impossibilitado de entrar em algo que voasse — orgulho-me muito de hoje estar totalmente curado dessa fobia. Uma professora do primeiro ano do primeiro grau, durante a "leitura", andava com a régua na mão pela classe numa atitude agressiva; eu decorava todo o texto para não engasgar e até hoje me é mais fácil falar de improviso do que ler em público. Um professor da sexta série costumava chamar os meninos para o quadro-negro e ironizar sua ignorância, o que, certamente, determinou em mim um medo antecipado de que não iria agradar — fato corroborado pelos sentimentos de inferioridade física e social próprios dos meus anos da adolescência.

Os fatos foram em maior número, mas esses são suficientes para mostrar como uma criança um tanto delicada, medrosa e pouco agressiva — no sentido de pouco competente para reagir a situações de violência — pode sair bastante machucada mesmo de experiências um tanto banais. O que nos marca não depende apenas da intensidade da agressão, porém da força dela por comparação com nossa natureza individual. Um menino acostumado a andar descalço caminha pela areia quente sem se queimar, enquanto eu...

Cresci, pois, com a idéia preconcebida de que não agradaria. Fazendo uma autocrítica honesta, hoje percebo que já me posicionava de forma defensiva, armado de argumentos que desqualificariam as críticas e ofensas que eu porventura viesse a sofrer por parte dos outros. Apesar de todo o medo, sempre fui bastante corajoso para as situações de natureza intelectual. Nunca deixei de aceitar convites para palestras e cursos "apenas" porque "morria de medo", tampouco deixei de defender pontos de vista divergentes do senso comum ao longo da minha vida por causa do receio de ser rejeitado. Ao contrário, parece que a idéia de encontrar oposição na platéia já era tão presente em minha mente que o fato de existirem razões objetivas para esse medo até me deixavam mais apaziguado! Pelo menos eu tinha bons motivos para me defender, achar que seria objeto de hostilidades e deveria usar um escudo antes de subir em um palco.

A verdade é que o medo era anterior às polêmicas em que estive envolvido. Não conseguia falar em pé porque meus joelhos tremiam. Suava em bicas e minha boca ficava seca. A taquicardia era brutal! São todos sintomas de um medo quase paralisante. Contudo, recolhia minhas últimas forças e minha fala começava sempre da mesma maneira: "Eu estou com todos os sintomas de pavor; estou tendo enorme dificuldade para me controlar e balbuciar as primeiras palavras; peço-lhes paciência e afirmo que esse estado passa logo, até porque se não passar eu 'morrerei'! Em breve, conseguirei falar sobre o tema ao qual me propus". Sim, porque sempre fui muito sincero e tenho certeza de que é um modo de ser que me tem ajudado muito. Eu permanecia só com o problema do medo e não com o de, ainda por cima, ter de escondê-lo e fingir que estava tudo bem.

Mesmo mais tarde, quando o medo se atenuava e, por vezes, quase desaparecia, mantinha-me em guarda, naquela atitude defensiva de quem está esperando algum tipo de hostilidade por parte da platéia. Apesar de ter entendido, depois, que estavam em jogo minhas antigas experiências traumáticas e que minha posição era preconceituosa, não conseguia mudar. Já sabia que estava errado, mas continuava a me sentir da mesma forma: ameaçado e, portanto, em guarda. Não compreendia ainda o círculo vicioso em que me metia, já que é provável que as platéias mais sutis, para as quais tenho falado, percebessem minha "armadura". O mais grave é que existe uma dinâmica intensa entre aquele que fala e a platéia, entre o ator, o professor e os que o escutam. A atitude de um determina uma tendência à atitude complementar do outro. Se me posiciono de forma defensiva, é como se pedisse à platéia que se posicionasse numa posição ofensiva!

A eventual resposta ofensiva da platéia aparecia-me como ação, e não como reação. Não percebia que quem dava início ao processo era eu. Comecei a me interessar cada vez mais pelo assunto, até porque todos temos de apurar nossa forma de comunicação para não perdermos audiência. Palestras, aulas, conferências e cursos vêm se transformando em espetáculos! Passei a ficar mais atento aos atores, especialmente àqueles aos quais tive a oportunidade de conhecer e alguns que tive como pacientes. Aos poucos, fui me aprofundando e entendendo de maneira cada vez mais consistente a dimensão do meu erro, de como era eu o responsável pelo modo como as pessoas me viam.

ELES NÃO ACHAM NADA DE VOCÊ

Comecei a perceber que poderia mudar de comportamento, ainda que inicialmente de forma tímida e desajeitada. Passei a cogitar a hipótese de que, quem sabe, aquela determinada platéia não tinha nada de particular contra mim. Tentei fazer aquilo que ouvi de um ator: "Você tem uma hora e meia para seduzir a sua platéia. Eles não acham nada de você. Vão achar no fim, e isso dependerá de como você for atuar".

Caminhar por essa estrada tem sido extremamente gratificante para mim até hoje, uma vez que ainda não me sinto diplomado nem creio que algum dia estarei totalmente pronto. Sei que tenho conseguido melhores resultados, e isso é responsável por importante aumento na minha auto-estima, o que me dá coragem para ousar um pouco mais, me soltar e tentar fazer mais humor, agir cada vez de um modo diferente e experimentar sempre novas fórmulas. Os bons resultados fazem bem, e os maus também, visto que, mesmo gerando uma tristeza inicial, nos ensinam muito.

O avanço pessoal numa área específica, qual seja, vencer uma inibição e falar melhor em público, tem efeitos que se alastram para outros setores da subjetividade. Necessitamos muito desses progressos, já que eles são um importante alimento da auto-estima. A idéia que temos de nós mesmos não se satisfaz com o que já fizemos. Não nos podemos dar por realizados e mudarmos para um sítio onde nunca mais faremos nada. A cada dia, perderemos um pedaço da nossa auto-estima, de modo que, no fim de certo tempo, ela estará próxima de zero e não nos restarão outras alternativas senão vivermos um estado depressivo crônico, ou então buscarmos outras experiências por meio das quais continuaremos nosso processo de autoconhecimento e aprimoramento pessoal.

Nessa rota de permanente evolução pessoal à qual me propus, tenho tentado aprender cada vez mais sobre todos os aspectos da psicologia humana. O objetivo não é só entender os outros, mas também a mim mesmo. A arte de ensinar tem sido um dos temas aos quais mais tenho me dedicado nos últimos anos. Consegui abandonar aquele posicionamento defensivo e tenho tido uma atitude neutra, na qual ainda não sei como cada público vai reagir à minha fala. Agora estou me empenhando cada vez mais em assumir uma posição ativa, me jogar em direção à platéia, me dar e soltar de uma forma nova e mais ousada.

Nessa trajetória, que tenho percorrido com muito sacrifício, mas com alegrias, deparei com um texto do importante dramaturgo francês do século xx, Jean Genet.* Foi-me dado por um paciente, um ator que luta muito para se aprimorar e dominar, tanto quanto possível, todos os detalhes da arte cênica. O funâmbulo é um artista de circo, cuja especialidade é andar sobre a corda bamba. A atividade requer, é

---

* Genet, J. *O funâmbulo*. Trad. Beatriz Azevedo. Texto inédito em português.

claro, máxima habilidade e perícia, além de um estado de alma muito especial que permita extrema concentração no que está fazendo. Segundo Genet, o ator deve estar morto — no sentido figurado — para que nada inesperado aconteça em sua subjetividade e nenhum gesto diferente perturbe o equilíbrio total necessário para suas peripécias. O funâmbulo tem de estar morto para que não caia e morra de verdade. Todo esse domínio de si mesmo e da situação deve estar a serviço do seu ofício. A glória ficará para o arame, o que vale dizer, no caso do professor, para a matéria que ele leciona. Assim, onde Genet fala do arame, leia-se matemática, psicologia, geografia etc. Ele diz: "Dê ao seu arame a mais bela expressão, não sua, mas dele. Seus pulos, seus saltos, suas danças, você os fará perfeitos não para que você brilhe, mas para que um fio de aço que estava morto e sem voz enfim cante. Como ele lhe será grato se você for perfeito nas suas ações não pela sua glória, mas pela dele... Que o público maravilhado bata palmas: 'Que arame incrível! Como ele sustenta seu equilibrista e como ele o ama!'. Por sua vez, o arame fará de você o mais maravilhoso dançarino... O chão fará você tropeçar".

Essa seria a idéia central do esforço que temos de fazer e cujo objetivo principal deve ser despertar, em nossos ouvintes, a paixão pelo tema que estamos tentando transmitir. Já registrei o quanto o entusiasmo e o interesse pelos assuntos que estamos empenhados em nos aperfeiçoar nos predispõem a assumir uma atitude disciplinada e direcionada ao aproveitamento máximo. Esse é um dos papéis essenciais do professor: despertar seus alunos para os importantes prazeres relacionados ao aprendizado e ao conhecimento. A boa formação moral e emocional em uma pessoa que não desenvolveu interesses e gostos intensos poderá vir acompanhada de uma inércia muito dolorosa. Desenvolver interesses é uma das garantias de uma qualidade de vida decente, mesmo em condições objetivas precárias. Sim, porque uma pessoa que adora ler estará entretida mesmo se estiver com a perna quebrada, se não tiver dinheiro para passear, se estiver ilhada por razões meteorológicas etc.

Genet nos ensina também como é importante a forma, a beleza. O conteúdo do que ensinamos pode ser o mais importante, mas ele é absorvido com mais facilidade, desperta mais atenção e emoção quando transmitido com delicadeza, quando nos preocupamos com todos os detalhes da nossa aparência, pois estar ali diante da platéia tem a intenção de atingir determinados objetivos concretos e despertar certas emoções. Ele diz: "Raciocine assim: um gordão faz o salto mortal sobre o arame, ele falha e se mata, o público não fica tão surpreso, ele já esperava por isso, quase desejava. Você, é preciso que você saiba dançar de um modo tão belo, ter gestos tão puros para parecer precioso e raro; assim, quando você se preparar para fazer o salto mortal, o público se inquietará, quase se indignará por um ser tão gracioso se arriscar a morrer. Mas você consegue o salto e volta sobre o arame; então, os espectadores o aclamam, pois sua habilidade acaba de preservar de uma morte indecente um dançarino tão precioso".

É fato que forma e conteúdo são complementares, assim como este é mais bem e mais facilmente transmitido quando estamos atentos e cuidamos bem da maneira como ele chega ao receptor final. A comunicação envolve o emissor — no caso, o professor — e os receptores — aqui, os alunos. Não cabe a atitude arrogante de numerosos emissores que, quando não conseguem ser entendidos pelos receptores, os acusam disso ou daquilo. Sempre que não nos conseguirmos comunicar, deveremos fazer séria introspecção para saber em que estamos falhando. Buscar o defeito nos outros é imaturidade e jamais nos ajudará a progredir. De nada adianta sermos mestres nos defeitos alheios e não conhecermos os nossos.

Todo o zelo com a questão da forma e da comunicação não deve nunca ofuscar a importância capital da transmissão de conteúdo. Tenho me preocupado mais em transmitir estímulos no sentido de os professores atentarem para o fato de que a transmissão do conhecimento exige requinte formal, porque estou certo de que a preocupação com o conteúdo é o que mais ocupa a mente de todos. A insegurança e o medo de atitudes hostis costumam levar o professor a aprimorar muito o seu conhecimento, o que é bom, entretanto não resolve a questão de como se apresentar perante a classe: despertar o entusiasmo dos alunos por seu "arame" e o respeito e a admiração que terão pelo "funâmbulo". Sobre o rigor de conteúdo, Genet faz uma descrição poética e muito bonita: "Distraidamente eu abri sua bolsa e vasculho. Entre velhas fotografias, holerites, passes de ônibus vencidos, encontro uma folha de papel dobrada onde ele desenhou signos curiosos: ao longo de uma linha reta, que representa o arame, traços oblíquos à direita, traços à esquerda — estes são seus pés, ou melhor, o lugar onde ficarão seus pés, os passos que dará. E, ao lado de cada risco, um número. Numa arte sujeita a um exercício imprevisto e empírico, ele trabalha trazendo o rigor e a disciplina calculada, por isso ele triunfará".

O presente capítulo foi dedicado a reafirmar aos professores a importância do seu ofício. Mais do que isso, espero ter conseguido transmitir a noção de sua complexidade e de como pode ser fascinante estarmos empenhados em uma tarefa interminável, que permite — e exige — aprimoramento constante. Ensinar é demasiado difícil. Empolgar os jovens e transmitir-lhes o prazer por aprender e o quanto isso lhes pode ser bom para a vida íntima é algo que faz muito bem ao professor. A interação é riquíssima; ensinar é aprender; alimentar o outro é se sentir alimentado; dar é receber. A troca que se estabelece é de uma riqueza humana rara. Gostaria de concluir da forma como Genet finaliza o texto sobre o funâmbulo e que é voltado para os atores em geral, incluindo também os professores: "Estes são os inúteis, desajeitados conselhos que eu lhe dedico. Ninguém saberia segui-los. Mas eu não queria outra coisa: escrever sobre essa arte um poema cujo calor subisse ao seu rosto. Tratava-se de lhe inflamar, não de lhe ensinar".

4

CONSIDERAÇÕES FINAIS

Este texto, dedicado especialmente aos professores — mas, ainda que de modo indireto, também aos pais —, tratou de dois assuntos aparentemente isolados, porém de enorme correlação para mim. O primeiro é a questão moral, o essencial e urgente retorno à reflexão sobre temas relacionados aos valores que terão de ser transmitidos às futuras gerações. O outro diz respeito à forma como transmitimos o conhecimento, papel essencial dos professores que no entanto não deveria passar despercebido pelos pais, já que em casa também se pode aprender muito, em especial o gosto e o prazer derivado do conhecimento. Para mim, forma e conteúdo interagem de maneira completa e complexa. Além disso, transmitir informações é o caminho pelo qual contribuímos para a formação moral dos nossos jovens. A simples transmissão de informações poderia ser facilmente substituída por televisores e computadores. Agora, transmitir com paixão é privilégio do professor que ama seu ofício e os assuntos em que se especializou. Transmitir valores é prerrogativa de quem os tem. E isso só se faz "ao vivo"; e, como a aquisição e incorporação de valores tendem a se transformar em variável fundamental para o bom posicionamento das pessoas nas comunidades que estão por vir, podemos prever que a escola não desaparecerá.

Numerosas são as questões que podem ser levantadas acerca do que foi exposto até aqui, inclusive a de eu ter sido negligente no trato das condutas discrepantes. Não subestimo a complicação que é, no cotidiano das salas de aula, a presença do aluno agressivo e irreverente que desafia a autoridade do professor, daquele indolente e desinteressado, quando não drogado. Felizmente, são a minoria. Todavia, podem ser poderosos agentes perturbadores da conduta da maioria, até porque muitas vezes conseguem se impor perante os colegas por meio da intimidação e da coação. Além do mais, podem perturbar a tranqüilidade do professor, fazer com que o "funâmbulo" saia do seu estado ideal, distraia-se e caia da corda bamba onde se equilibra.

Acredito que a compreensão da existência dos seis grupos do ponto de vista da moral possa nos ajudar, inicialmente, no sentido de detectarmos a que categoria pertencem os elementos desagregadores do grupo que tentamos unir e preservar motivados em torno de nós — ou seja, do tema que temos por objetivo transmitir. Criaturas do primeiro grupo, destemidas e muito violentas, não cabem em ambientes que exigem disciplina; não vejo outra saída senão afastá-las definitivamente da instituição de ensino usual e talvez encaminhá-las para outras, especializadas em atender pessoas com tais características. Se tais instituições não existem, deveriam ser criadas. O que não cabe é mantê-las no convívio com os outros, já que muitas vezes são portadoras de carisma e podem despertar a admiração de colegas desavisados, sobretudo daqueles que ainda associam à virilidade a ousadia derivada da falta de medo. É conveniente reavivar a memória, e afirmarmos que esse grupo contém um número ínfimo de pessoas, algo ao redor de 0,5% da população geral.

Quanto aos outros, os que respondem ao medo de represálias e à vergonha, é preciso compreender que são os que vivenciam um desenvolvimento emocional incompleto. Assim, não é impossível que consigam avançar e atingir um estágio de crescimento interior mais sofisticado, no qual venham a experienciar verdadeiros sentimentos de culpa, indício da incorporação efetiva de valores.

Se formos capazes de ajudar tais pessoas, que representam cerca de 50% da população geral — e também os nossos alunos —, estaremos resolvendo a questão da disciplina em classe de forma interessante e definitiva. A palavra disciplina é usada aqui como algo interno, como a força que cada um tem para agir de acordo com suas próprias ordens, e ainda como uma condição objetiva: a disciplina em classe, a capacidade de os alunos permanecerem quietos e atentos ao professor. Quem tem disciplina interior, como regra os mais evoluídos emocionalmente, não sente dificuldade em acatar as limitações próprias do silêncio necessário para a concentração nos assuntos tratados em sala de aula. O problema de inquietação, intolerância a frustrações e descontrole pessoal que impede o silêncio e perturba a atenção de todos é quase sempre daqueles que fazem parte dos grupos que ainda não incorporaram valores — os dos grupos 2, 3 e 4.

A posição tradicional para o "tratamento" desses problemas disciplinares sempre foi de caráter repressivo. Como essas pessoas têm medo, usa-se essa emoção como freio. Não nego que funciona e nunca achei que não devesse fazer parte do processo educacional. É relevante que os estudantes saibam que estão vivendo no seio de uma instituição que tem respeito por si mesma, que quer ver preservadas suas estruturas físicas, seus pátios e jardins, a higiene de suas instalações, assim como a dignidade de seus funcionários. A exemplo do que nos vai acontecer ao longo de toda a vida adulta, condutas desconsideradas e nocivas ao bem-estar alheio — individual ou grupal — estarão sujeitas a represálias e a punições.

Não convém abdicar dessa idéia tanto do ponto de vista social como de cada instituição. Concepções anarquistas que pregam sociedades sem governo são totalmente utópicas: estão distantes demais dos fatos para serem levadas em consideração. A tolerância de cada comunidade será arbitrada pelos seus líderes. É importante ser realista e saber que os alunos, especialmente entre os 9 e os 16 anos, tentarão ir além dos limites estabelecidos. É parte da natureza irresponsável deles e do desejo de se afirmarem indo contra todas as regras que lhes são impostas. Uma boa política talvez seja a de não sermos por demais tolerantes, já que eles irão ultrapassar a fronteira daquilo que lhe for proposto; ainda assim, estariam agindo dentro de um contexto não tão nocivo a eles e ao grupo no qual estão insertos.

Talvez o ponto em que os dois aspectos essenciais tratados neste livro se encontrem de maneira bastante interessante seja o seguinte: se criarmos uma atmosfera positiva, otimista, alegre e estimulante, que envolva as condutas moralmente válidas e a atitude de determinação e amor pelo conhecimento próprio das pessoas boas e disciplinadas, talvez consigamos cativar esses jovens imaturos e fazer com que se armem de coragem e energia para seguir um grupo mais feliz. Sim, porque é sempre bom lembrar que as pessoas indisciplinadas, intolerantes a contrariedades e descontroladas emocionalmente têm de si um mal juízo, vivem uma condição íntima de baixa autoestima e de tristeza, mesmo quando se esforçam para mostrar o contrário de forma até mesmo enfática — é o próprio exagero de "eu me amo", "eu me acho o máximo", que nos faz desconfiar de que se trata de um disfarce, e não de um verdadeiro estado de alma.

É mister relembrar que todos gostariam de fazer parte do sexto grupo, porque lá estão os realmente mais felizes. A não-incorporação de valores morais ocorre em virtude da interrupção do desenvolvimento emocional por volta dos sete anos em razão da pouca tolerância à dor e a frustrações, o que é uma fraqueza, e não algo do qual alguém possa se orgulhar. O egoísmo é sinal de fraqueza, de quem não consegue gerar tudo de que necessita. O egoísta é um falso individualista: cuida mais do seu direito do que o dos outros, mas precisa dos outros para poder se servir da generosidade deles. Assim, ele é um ser dependente, sabe disso e não pode deixar de invejar os que são independentes.

Assim sendo, conseguir evoluir emocional e moralmente é o anseio de todos — ainda que não sejam explícitos em afirmar isso, pois teriam de reconhecer suas fraquezas. Se criarmos uma atmosfera propícia para isso, não faltarão interessados. Em vez de nos ocuparmos muito com a questão dos indisciplinados e de quanto eles perturbam a vida cotidiana dos professores e de seus colegas que querem mais sossego para poder aprender com mais facilidade, minha proposta é que nos ocupemos de criar uma espécie de "arrastão positivo", no qual trataremos de elevar o nível do grupo como um todo. Isso não é utopia, porque encontra respaldo no interesse efetivo dos mais imaturos para evoluir — visto serem infelizes e dependentes.

Esse é um dos temas polêmicos para as pessoas que, trabalhando em psicologia, estão o tempo todo diante de situações e pessoas conflitadas e limitadas em virtude de experiências e vivências antigas dolorosas. Podemos encaminhar o trabalho terapêutico de duas formas: ou nos empenhamos em analisar e resolver aquilo que no passado machucou e deixou feridas, ou nos dedicamos em fortalecer a razão dessas pessoas e estimulá-las a andar para a frente, apesar de todas as mazelas e limitações derivadas das experiências negativas anteriores. É como se estivéssemos diante de um comboio de trens, opondo o último vagão resistência à locomoção do comboio porque está atado a uma parede por cordas resistentes. Na vida real, tais cordas existem e são parte do que nos trava; analisar e entender o que nos aconteceu nos anos de formação corresponde ao empenho de cortá-las, o que, finalmente, permitiria ao comboio iniciar sua caminhada para a frente.

Essa forma de trabalho psicoterápico é bastante longa e tem mostrado resultados um tanto duvidosos, principalmente porque parece que as "cordas" que nos prendem ao passado tendem a se reconstruir; se demorarmos muito no processo de romper as que faltam, as primeiras já estarão restauradas e o trem continuará parado por tempo indeterminado. Ela tem sido substituída por técnicas mais ativas, todas relacionadas ao fortalecimento da razão, representada nessa metáfora pela locomotiva. Assim, o que se faz é tratar de dar plena força à locomotiva para que ela vença a resistência das cordas, que são destruídas sem sabermos muito bem os detalhes de como um dia se estabeleceram. Porém não importa, mais adiante poderemos vir a conversar com o paciente sobre elas, o que será de enorme valia e importante aprendizado para situações futuras. O essencial é que o comboio se ponha em movimento, as pessoas evoluam, sua auto-estima se alimente de novos fatos positivos. Quanto mais o trem andar, mais difícil será para as cordas virem a se reconstruir — isso só tende a acontecer se houver algum desastre mais grave, o que sempre nos pode ocorrer; nessas ocasiões, tendemos a regredir a padrões de comportamento mais imaturos, os quais já havíamos conseguido superar.

O mesmo raciocínio vale para a escola: em vez de nos ocuparmos demais em como lidar com os casos de indisciplina, talvez o mais importante seja sabermos criar uma atmosfera tão construtiva e positiva que atitudes grosseiras e indevidas caiam no vazio. Se o ambiente dos próprios alunos estiver motivado para os estudos, se não for mais vergonhoso ser sério e bom aluno, se isso for valorizado — o que nem sempre se dá, já que muitas crianças são pouco sutis e não percebem a inveja presente no descaso que os preguiçosos sentem pelos mais esforçados —, tenho forte convicção de que é para lá que se encaminharão quase todos os estudantes. Acredito que o fim do machismo trará um grande benefício para a questão do controle da agressividade. A admiração dos rapazes pelos mais violentos, mais destemidos e, como regra, menos evoluídos moralmente faz parte de uma era em que isso era sinônimo de virilidade. Para grande benefício geral esses moços mais bagunceiros deixarão de ser valorizados, assim como as moças mais displicentes e essencialmente voltadas para a aparência física. É claro que sempre haverá exceções; por conseguinte, se um ou outro não se dirigir para o caminho do conhecimento e do prazer derivado de aprender e estudar com afinco, paciência. A vida é assim. Não existem só os ganhadores e mesmo estes não ganham sempre.

É nesse ponto do processo que entra a importância do professor que emociona a sua platéia e faz com que todos amem a sua "corda". O seu verdadeiro problema não é de natureza policial, ou seja, como agir com maior severidade para coibir a indisciplina, mas sim tentar entender o que fazem aqueles colegas que, sem nenhum grande esforço, não conhecem os problemas de indisciplina, apesar de darem aulas nas mesmas classes. O problema do professor é tentar evoluir cada vez mais no seu ofício. Alguns já nascem com o dom de andar sobre a corda bamba com graça e harmonia. Outros terão de aprender. Tal situação envolve uma dualidade: os que nascem com o dom são favorecidos por um lado, mas, por outro, perdem a oportunidade de conhecer todos os detalhes e nuanças do processo de crescimento envolvido em aprendermos a lidar com uma platéia que inicialmente nos aterroriza. Sou parte do grupo que não nasceu sabendo coisa alguma. Tudo o que sou é fruto do meu próprio trabalho. Apesar de ter achado esse destino um tanto cansativo, hoje gosto de ser assim. Além do mais, de que adiantaria não gostar daquilo que não depende de nós?

O adequado entendimento da questão moral nos mostra que a grande maioria das pessoas imaturas emocional e moralmente está infeliz com o seu modo de ser e disposta a evoluir. Isto significa que a condição privilegiada é a da boa conduta ética. Ser pessoa legal é um "luxo" que é perdido quando se está exposto a uma condição de grande adversidade, o que pode ser entendido da forma inversa: pessoas egoístas e que não têm controle sobre suas emoções vivem continuadamente um estado de extrema adversidade. Para elas, o cotidiano já é de enorme adversidade. Nada mais indicativo da fraqueza e da miséria íntima nas quais vivem.

Ao criarmos uma atmosfera superpositiva, alegre e entusiasmada, estaremos criando uma condição de grande felicidade. Pessoas mais inseguras poderão, de repente, sentir profundo aconchego nesse contexto otimista, bonito, limpo, com ordem e regras claras. O clima de aconchego é propício ao desenvolvimento emocional. Sendo verdade que o amor é o sentimento que nos proporciona a sensação de aconchego, torna-se evidente que a importância desse sentimento no processo educacional se dá graças à tranqüilidade e à confiança que o clima afetivo transmite. Isso é muito diferente do carinho físico que uma mãe dedica a seus filhos. Não estou falando mal deste último; apenas quero ressaltar que as crianças necessitam de muito mais.

Um contexto assim positivo pode ser terapêutico quanto a neutralizar as vivências dolorosas que muitos viveram ou vivem em suas casas. Não é incomum que os jovens imaturos venham de ambientes tumultuados e pouco adequados ao desenvolvimento da maturidade emocional e tampouco apropriado ao estabelecimento de normas e valores éticos. Ao depararem com uma atmosfera rigorosa e exigente mas ao mesmo tempo sólida, estável e geradora de serenidade, talvez isso lhes crie condições muito favoráveis para conseguirem os avanços que no passado não foi possível alcançar. Esse modo de ver as crianças e os adolescentes que tumultuam nossas aulas revela-se bem mais adequado; em vez de ficarmos com raiva deles, temos de criar os meios para podermos ajudá-los; isso não se faz mediante atitudes indevidamente tolerantes, nem agindo de forma agressiva e estabanada.

Assim, a atmosfera ideal para a transmissão das informações, que é o dever curricular, é aquela que cria o contexto favorável para o bom desenvolvimento emocional. Instituições sólidas e bem cuidadas, professores gentis, firmes e empenhados em encantar e seduzir seus alunos para os assuntos que ensinam são os antídotos mais eficientes para as limitações emocionais que estarão presentes em cerca da metade dos jovens, independentemente da inteligência e das potencialidades de cada um deles.

As instituições de ensino não devem deixar de levar em consideração o ambiente familiar de seus alunos. Talvez isso não fosse tão necessário em outras épocas, quando os pais, certos ou errados, tinham valores e princípios que tratavam de transmitir a seus filhos. Mas a verdade é que, nos tempos que correm, eles estão muito perdidos e precisam de orientação e reforço para agir com o rigor que gostariam, porém não o exercem por motivos vários, apontados anteriormente.

A verdade é que a estrutura da família tem passado por profundas transformações, sendo difícil prever qual será o seu futuro. O homem é intelectualmente ativo e inquieto. Por isso tem idéias que se transformam em novos conhecimentos capazes de produzir bens que determinam alterações no hábitat em que vivemos, as quais, depois, determinam mudanças no nosso modo de ser e de viver. A vida em família é um exemplo disso. Há apenas algumas décadas, e ainda hoje em certas áreas mais atrasadas, ter filhos era uma coisa boa — no sentido de ser conveniente, lucrativo. Na área rural cada filho que nascia representava mão-de-obra barata e garantida por vários anos. Hoje sabemos que eles custam muito e, do modo como os temos educado, não dão retorno algum, nem mesmo em termos de respeito e companheirismo. O que está acontecendo, e com razão, é um crescente aumento do número de pessoas que se têm desinteressado em tê-los. Isso é ecologicamente interessante e talvez ajude a acabar com a visão leviana que esteve em vigor nos últimos 30 anos: "É legal ter filho", "Todo o mundo está tendo filho, então também queremos", "Criança pequena é uma gracinha", e outras razões um tanto banais. As pessoas precisam saber que ter filhos é sério: não se está gerando um brinquedo que pode ser mimado e estragado ao gosto, porém um ser humano que terá de se transformar em um adulto responsável e feliz, um membro produtivo e útil da comunidade em que vivemos. E, para isso, terá de ser formado e informado adequadamente.

    O papel construtivo e positivo da escola não deve ser perturbado e minimizado no ambiente familiar. Ao contrário, é fundamental que escolas e famílias operem na mesma direção, sempre com o intuito de formar adultos mais maduros, moralmente mais bem formados e, por isso mesmo, mais felizes.

Não temos mais de nos preocupar com a idéia de que nossos filhos não deverão ser tão decentes e honestos porque os bons sempre foram os perdedores no jogo da vida. Na dinâmica de interação entre o homem e o seu hábitat e no núcleo da mais importante revolução tecnológica de todos os tempos — que é esta relacionada ao surgimento e à utilização disseminada dos computadores e seus inúmeros produtos —, está em curso uma revolução de igual porte no plano das relações interpessoais e nos valores que vão reger as novas sociedades. O homem muda o planeta e este, devidamente modificado, muda o homem. Essa curiosa e inexorável dialética traz, em certos casos, desdobramentos negativos e, em outras condições, benefícios e avanços positivos inesperados.

É forte minha convicção de que viveremos uma era de modificações muito favoráveis no tocante ao avanço de cada pessoa, às relações interpessoais mais íntimas e à vida social como um todo. Um dos avanços que vislumbro, de modo independente e definitivo, é no sentido da moralização dos costumes, o que favorece as pessoas de bem.

Por certo, não haverá lugar destacado para pessoas egoístas, desequilibradas emocionalmente e de conduta moral duvidosa. Isso acontecerá, em parte, por força da conscientização geral de que o mais forte e feliz é o indivíduo mais justo e idôneo e, em parte, em virtude do próprio avanço tecnológico: com esses computadores que nos levam a deixar rastro de tudo o que fazemos, que permitem levantar a vida pregressa de qualquer pessoa, nem mesmo os mais poderosos estarão a salvo de ser pegos. Assim, o "bem" tenderá a vencer o "mal" pela mais inesperada das razões: o avanço tecnológico. Viver é mesmo uma aventura curiosa e fascinante!

Flávio Gikovate nasceu em São Paulo, em 1943. É médico formado pela USP, em 1966. Foi Assistente Clínico no Institute of Psychiatry na London University, Inglaterra.

Desde o início de sua carreira, dedica-se essencialmente ao trabalho de psicoterapeuta, já tendo atendido mais de sete mil pacientes.

É pioneiro na publicação de trabalhos sobre a sexualidade humana e o tema do amor em nosso meio.

Além de ser autor consagrado no Brasil, suas obras são editadas também na Argentina.

É conferencista muito solicitado tanto para as atividades acadêmicas como para as que se destinam ao público em geral.

Participou de inúmeros programas de televisão. Escreve para importantes jornais e revistas do País.

leia também

O MAL, O BEM E MAIS ALÉM
EGOÍSTAS, GENEROSOS E JUSTOS
Flávio Gikovate

É uma nova visão sobre tema que tem sido motivo de reflexão do autor há décadas. Gikovate constatou que a união entre homens e mulheres se dá entre opostos (uma pessoa egoísta se encanta com uma pessoa generosa e vice-versa). A atualização do assunto mostra que a saída está na evolução de cada ser humano para atingir o estado de harmonia, formando-se assim casais entre pessoas similares e mais justas. Dá início a novo *layout* das obras de Gikovate.

REF. 50039   ISBN 85-7255-039-9

A LIBERDADE POSSÍVEL
EDIÇÃO REVISTA
Flávio Gikovate

Leitura importante principalmente para jovens adultos em fase de emancipação. O conceito de liberdade é analisado do ponto de vista da biologia, dos instintos, da razão e do meio social. O objetivo é conduzir o leitor a uma viagem reflexiva para se conhecer melhor e ser capaz de adotar posturas de vida adequadas.

REF. 50044   ISBN 85-7255-044-5

ENSAIOS SOBRE O AMOR E A SOLIDÃO
EDIÇÃO REVISTA
Flávio Gikovate

Neste livro, Gikovate se aprofunda no tema do amor, mostrando suas diferentes roupagens – enamoramento, paixão, atração sexual – e como lidar com elas. Aborda também um problema que atinge até as relações amorosas mais plenas: a possessividade. Propondo uma nova forma de aliança íntima, inspirada na amizade profunda, o autor mostra ainda que a solidão (temporária ou como escolha de vida) é primordial para nosso desenvolvimento.

REF. 50045   ISBN 85-7255-045-3

CIGARRO: UM ADEUS POSSÍVEL
Flávio Gikovate

Conseguir parar de fumar é algo semelhante à conquista de uma medalha olímpica. Honra o vencedor, resgata sua auto-estima, sua força e confiança na razão. A obra é uma proposta prática e cheia de calor humano para você se livrar de vez desse inimigo íntimo. E da saudade dele.

REF. 50004   ISBN 85-7255-004-6

O TAO DA EDUCAÇÃO
A FILOSOFIA ORIENTAL NA ESCOLA OCIDENTAL
Luzia Mara Silva Lima

Professora universitária e campeã mundial de kung fu, Luzia escreve sobre sua trajetória profissional na área da educação, tendo a arte marcial como um de seus instrumentos. O objetivo é ajudar o aluno a se desenvolver como um ser humano integral. Indicado para profissionais que trabalham com jovens e crianças.
REF. 20719   ISBN 85-7183-719-8

HISTÓRIAS QUE EDUCAM
CONVERSAS SÁBIAS COM UM PROFESSOR
Ruy Cézar do Espírito Santo

O autor é um conceituado educador que gosta de estimular seus alunos para o autoconhecimento e para o despertar da espiritualidade. Trabalhando em sala de aula com o livro *Histórias que curam*, de Rachel N. Remen, Ruy inspirou-se para escrever este livro. Outros educadores, por sua vez, sentir-se-ão inspirados pela sensibilidade e poesia desta obra.
REF. 20794   ISBN 85-7183-794-5

O JUÍZO MORAL NA CRIANÇA
Jean Piaget

Obra pioneira de um dos maiores pensadores do século. Propondo-se a descobrir o que vem a ser o respeito à regra do ponto de vista da criança, o autor realiza uma série de entrevistas com crianças e analisa as regras do jogo social e a formação das representações infantis: os deveres morais e as idéias sobre mentira e justiça, entre outras.
REF. 10457   ISBN 85-323-0457-5

O DIREITO DA CRIANÇA AO RESPEITO
Janusz Korczak e Dalmo de Abreu Dallari

Longe de se fixar em visões idealistas, dois grandes nomes abordam o tema delicado com realismo e coerência, estabelecendo critérios permanentes para o nosso relacionamento com as crianças. Um livro vigoroso, profundo, rico de considerações humanas, pedagógicas, sociais. Texto fundamental para os que queiram compreender melhor a criança, especialmente numa época em que o problema do menor assume uma importância avassaladora.
REF. 10269   ISBN 85-323-0269-6

------- dobre aqui -------

Carta-resposta
2146/83/DR/SPM
Summus Editorial Ltda.
CORREIOS

CARTA RESPOSTA
NÃO É NECESSÁRIO SELAR

O SELO SERÁ PAGO POR

grupo editorial summus

AC AVENIDA DUQUE DE CAXIAS
01214-999 São Paulo/SP

------- dobre aqui -------

A ARTE DE EDUCAR

CADASTRO PARA MALA-DIRETA

Recorte ou reproduza esta ficha de cadastro, envie completamente preenchida por correio ou fax, e receba informações atualizadas sobre nossos livros.

Nome: _____ Empresa: _____
Endereço: ☐ Res. ☐ Coml. _____ Bairro: _____
CEP: _____ - _____ Cidade: _____ Estado: _____ Tel.: ( ) _____
Fax: ( ) _____ E-mail: _____ Data de nascimento: _____
Profissão: _____ Professor? ☐ Sim ☐ Não Disciplina: _____

1. Você compra livros:

☐ Livrarias ☐ Feiras
☐ Telefone ☐ Correios
☐ Internet ☐ Outros. Especificar: _____

2. Onde você comprou este livro? _____

4. Áreas de interesse:

☐ Psicologia ☐ Corpo/Saúde
☐ Comportamento ☐ Alimentação
☐ Educação ☐ Teatro
☐ Outros. Especificar: _____

3. Você busca informações para adquirir livros:

☐ Jornais ☐ Amigos
☐ Revistas ☐ Internet
☐ Professores ☐ Outros. Especificar: _____

5. Nestas áreas, alguma sugestão para novos títulos? _____

6. Gostaria de receber o catálogo da editora? ☐ Sim ☐ Não

Indique um amigo que gostaria de receber a nossa mala-direta

Nome: _____ Empresa: _____
Endereço: ☐ Res. ☐ Coml. _____ Bairro: _____
CEP: _____ - _____ Cidade: _____ Estado: _____ Tel.: ( ) _____
Fax: ( ) _____ E-mail: _____ Data de nascimento: _____
Profissão: _____ Professor? ☐ Sim ☐ Não Disciplina: _____

MG Editores
Rua Itapicuru, 613 7º andar 05006-000 São Paulo - SP Brasil Tel (11) 3872 3322 Fax (11) 3872 7476
Internet: http://www.editoraagora.com.br   e-mail: agora@editoraagora.com.br